# essentials

Essentials liefern aktuelles Wissen in konzentrierter Form. Die Essenz dessen, worauf es als „State-of-the-Art" in der gegenwärtigen Fachdiskussion oder in der Praxis ankommt. essentials informieren schnell, unkompliziert und verständlich

- als Einführung in ein aktuelles Thema aus Ihrem Fachgebiet
- als Einstieg in ein für Sie noch unbekanntes Themenfeld
- als Einblick, um zum Thema mitreden zu können

Die Bücher in elektronischer und gedruckter Form bringen das Expertenwissen von Springer-Fachautoren kompakt zur Darstellung. Sie sind besonders für die Nutzung als eBook auf Tablet-PCs, eBook-Readern und Smartphones geeignet.

Essentials: Wissensbausteine aus den Wirtschafts, Sozial- und Geisteswissenschaften, aus Technik und Naturwissenschaften sowie aus Medizin, Psychologie und Gesundheitsberufen. Von renommierten Autoren aller Springer-Verlagsmarken.

Ben Bawey

# Assads Kampf um die Macht

## Eine Einführung zum Syrienkonflikt

2. Auflage

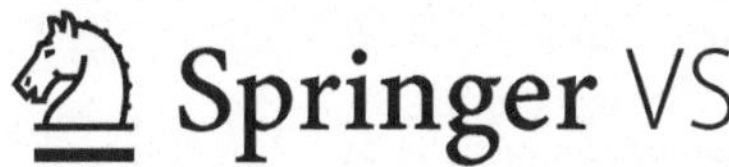

Ben Bawey
Jena
Deutschland

Ergänzendes Material finden Sie auf springer.com/978-3-658-12056-6

ISSN 2197-6708            ISSN 2197-6716 (electronic)
essentials
ISBN 978-3-658-12056-6       ISBN 978-3-658-12057-3 (eBook)
DOI 10.1007/978-3-658-12057-3

Die Deutsche Nationalbibliothek verzeichnet diese Publikation in der Deutschen Nationalbiblio-
grafie; detaillierte bibliografische Daten sind im Internet über http://dnb.d-nb.de abrufbar.

*Für Asma*

# Inhaltsverzeichnis

# Kurze Anmerkung zur Transliteration aus dem Arabischen

**1**

Das arabische Schriftsystem besteht aus 28 Buchstaben. Es gibt 25 Konsonanten und in der Hochsprache drei Vokale. Einige dieser Laute existieren im Deutschen nicht, was zu unterschiedlichen Schreibweisen führt, wenn arabische Namen im lateinischen Schriftsystem ausgedrückt werden: z. B. Hussein oder Husain; Assad, Asad oder ʾAsad. Dieses Problem kann u. U. zu Verwirrungen und Missverständnissen führen. Eine einheitliche, wissenschaftliche Umschrift kann hier Abhilfe schaffen.

Da dieser Band jedoch nicht nur an akademische Kreise gerichtet ist und es keine Notwendigkeit gibt, den Lesefluss unnötig zu stören oder gar zu verkomplizieren, wird bei Orts- und Eigennamen auf die Umschrift verzichtet (also Koran anstatt Qurʾān). Personennamen werden in einer Weise geschrieben, die dem Arabischen nahekommt (Usama statt Osama; Muhammad statt Mohamed, aber nicht Muḥammad).[1]

An anderer Stelle ist eine einheitliche Transliteration wiederum unumgänglich: z. B. die Terrororganisation al-Qāʿida – die in Deutschland verbreitete Schreibweise al-Kaida ist schlicht falsch. Die Umschrift erfolgt daher an gegebener Stelle gemäß der islamwissenschaftlichen Transkription der Deutschen Morgenländischen Gesellschaft (DMG) und steht meist in Klammern. Kommt derselbe arabische Begriff im weiteren Verlauf des *essentials* erneut vor, wird auf eine dem Deutschen weitestgehend angepasste Schreibweise zurückgegriffen (z. B. al-Qaida). Die Transliteration (vgl. Steinbach und Ende 2005, S. 989; Bobzin 2010, S. 8) kann bei der korrekten Aussprache bestimmter arabischer Namen oder Begriffe helfen, denn kleine Nuancen haben im Arabischen manchmal schon große Auswirkungen auf die Bedeutung eines Wortes.

---

[1] In der ersten Auflage dieses *essentials* (siehe Einleitung zur Auflage von 2014) wurden Namen konsequent transkribiert.

© Springer Fachmedien Wiesbaden 2016
B. Bawey, *Assads Kampf um die Macht*, essentials,
DOI 10.1007/978-3-658-12057-3_1

| ā – langgezogenes a (wie B*a*hn) | a – kurzes a (wie Schl*a*mm) |
| ī – langgezogenes i (wie Br*ie*f) | i – kurzes i (wie Gr*i*ff) |
| ū – langgezogenes u (wie R*u*hm) | u – kurzes u (wie M*u*nd) |

ʾ –      Knacklaut (wie beʾobachten, beʾehren)

ʿ –      gepresster Laut aus der Kehle

b –      wie *B*and, *B*ild

d –      an den Zähnen gebildetes d, wie *D*amm oder *D*ing

ḏ –      entspricht dem stimmhaften, englischen „th" (wie bro*th*er)

ḍ –      ein verdumpfendes d (wie San*d*)

f –      wie *f*indet oder *F*und

ǧ –      ein „dsch" (wie *Dsch*ungel oder *J*eans)

ġ –      das Gaumen-r, welches nicht gerollt wird (wie „me*r*ci" im Französischen)

h –      ähnelt dem deutschen h, ist jedoch ein hörbarer Hauchlaut: wie *H*alt oder *H*ilde

ḥ –      ein gehauchtes, stimmloses h (Ma*ḥ*mud oder Mu*ḥ*ammad)

ḫ –      wie Ba*ch* oder Kra*ch*

q –      ein mit dem hinteren Teil der Zunge und des Gaumens gebildeter Verschlusslaut „k" (aber kein deutsches k!)

k –      wie *K*unde oder *K*ind

l –      wie *L*unge oder *L*inde

m –      wie *M*ann oder *M*ulde

n –      wie *N*uss oder *N*acken

r –      ein mit der Zunge gerolltes r (wie p*r*onto im Italienischen)

s –      ein s (wie beißen oder reißen)

ṣ –      ein dumpferes *s*

š –      wie *Sch*ule oder *Sch*ieber

t –      wie *T*ante oder *T*ulpe

ṯ –      entspricht dem stimmlosen, englischen „th" (wie *th*ree)

ṭ –      ein dumpfes t (wie Mach*t*)

w –      wie im Englischen „we", aber nicht das deutsche *w*ir oder *w*ie

y –      wie *J*ugend oder *J*acht

z –      ein stimmhaftes s (lei*s*e, rei*s*en)

ẓ –      wie in *S*ystem

Es scheint, als sei Syrien die verlassenste Nation der Welt (vgl. Neudeck 2015, Onlinequelle). Seit über fünf Jahren tobt dort ein Bürgerkrieg, der bei Erscheinen dieses *essentials* über eine viertel Mio. Menschenleben gefordert und jeden zweiten Syrer zur Flucht gezwungen hat. Der Westen, überrumpelt von den rasanten Umbrüchen, welche die Arabellion mit sich brachte, sah lange tatenlos zu, wie Syrien immer mehr in Chaos, Gewalt und Zerstörung versank. Der Flüchtlingsstrom nach Europa reißt nicht ab und allein bis zum Ende des Jahres 2015 muss Deutschland mit bis zu einer Mio. Flüchtlinge rechnen. Den größten Anteil an dieser Gruppe machen die Syrer aus, deren Massenflucht durch den immer mehr eskalierenden Konflikt in ihrem Land ausgelöst wurde.

Russland unterstützt seinen Verbündeten Syrien nach wie vor mit allen Mitteln und selbst der Einsatz russischer Kampfflugzeuge und Bodentruppen scheint nicht mehr ausgeschlossen zu sein. Bereits die erste Auflage zu diesem *essential* nahm ganz am Anfang auf die russische Außenpolitik Bezug. Wladimir Putin sieht in Baschar al-Asad nach wie vor einen Verbündeten gegen den Islamismus, der, so die russische Befürchtung, nach einem vollständigen Zusammenbruch des Asad-Regimes auf den Kaukasus übergreifen könnte. Der Westen hat sich wiederholt gegen ein Bündnis mit Asad ausgesprochen, dessen Kampf um die Macht ohne Rücksicht auf Verluste weitergeht.

Der Syrienkonflikt eskaliert regional und gleichzeitig hat er eine internationale Sogwirkung entwickelt, die immer mehr Akteure in einen Strudel der Gewalt hineinzieht. So wurde dieser vielschichtige Konflikt zu einem beinahe festen Bestandteil der allabendlichen Nachrichten, die nicht immer den Platz bieten, um komplexe Zusammenhänge umfassend darzustellen. Andererseits kann nicht von jedem interessierten Leser erwartet werden, dass er sich die neueste, umfangreiche Fachliteratur zum Thema zusammensucht und auswertet. Die aktualisierte Neuauflage dieses Bandes in der Reihe *Springer essentials* setzt genau hier an.

© Springer Fachmedien Wiesbaden 2016

B. Bawey, *Assads Kampf um die Macht*, essentials,

DOI 10.1007/978-3-658-12057-3_2

Historische Zusammenhänge sind wichtig, um die heutigen Konflikte im Nahen Osten zu verstehen. Im ersten inhaltlichen Kapitel wird daher gefragt, wie der heutige syrische Staat entstand und was das (Groß)Syrien-Problem mit Palästina zu tun hat (siehe Kap. 4). Das sich anschließende Kapitel legt den Fokus auf die kulturelle und religiöse Vielfalt Syriens (siehe Kap. 5), die zu einem wichtigen Faktor innerhalb des Bürgerkrieges wurde, dessen Ursachen und Konfliktlinien im darauffolgenden Kapitel skizziert werden (siehe Kap. 6).

Die Inhalte dieses *essentials* sind an einen limitierten Rahmen angepasst und sollen dem Leser einen Überblick über die aktuellen Geschehnisse ermöglichen. Eine kleine Bibliographie für vertiefende Recherchen findet sich in Kap. 8. Zudem bietet dieser Band via *OnlinePlus* eine Materialsammlung auf der Homepage des Springer Verlages an, wo zusätzliche Bilder sowie Landkarten abgerufen werden können.

Mit dem russischen Vorschlag vom September 2013, die syrischen Chemiewaffen-arsenale unter internationale Kontrolle zu bringen, scheint ein aktives militärisches Eingreifen in den seit Frühjahr 2011 tobenden syrischen Bürgerkrieg vorerst verhindert. Es ist denkbar, dass die US-Regierung letztlich erleichtert ist, nicht noch weiter in einen Konflikt hineingezogen worden zu sein, dessen Ausgang alles andere als absehbar ist. Dennoch hat die CIA damit begonnen, Waffen an Teile der Aufständischen zu liefern, die sie als gemäßigt betrachtet – was immer das konkret heißen mag.

Die Übergänge zwischen den einzelnen Bürgerkriegsparteien sind fließend und die Aufständischen sind ebenso heterogen wie die syrische Gesellschaft an sich. Während die USA gemeinsam mit westlichen Staaten versuchen, die weniger radikalen Gegner Baššār al-ʾAsads ausfindig zu machen und zu unterstützen, werden die religiösen Gotteskrieger von anderer Seite aus gefördert. Katar und das wahhabitische Königreich Saudi-Arabien stützen den sunnitisch islamistisch geprägten Widerstand gegen das ʿalawītische Regime in Damaskus, welches aus Sicht der Golfmonarchien vor allem ein Bündnispartner des schiitischen Erzfeindes Iran ist.

Russlands Vorstoß ist der Anspruch, sich gegenüber amerikanischen Interessen zu behaupten und letztlich sogar durchzusetzen. Es geht auch darum, den Islamismus in einer destabilisierten Weltregion einzudämmen. Dieser Aspekt könnte auch der Hauptgrund für das zögerliche Verhalten der westlichen Staatengemeinschaft während des gesamten Bürgerkrieges sein.

Während des Afghanistankrieges 1979 bis 1989 unterstützten die USA den islamistischen Widerstand der Muǧāhidūn gegen die Sowjetunion. Unter diesen mit amerikanischen Informationen und Waffen ausgestatteten Gotteskriegern war auch ein gewisser ʾUsāma bin Lādin. Der Widerstand gegen die Sowjetunion in Afghanistan nahm zwar gern Hilfe in Form von Waffenlieferungen an, lehnte die amerikanische Außenpolitik und die Anwesenheit *des Westens* in den heiligen Stätten

© Springer Fachmedien Wiesbaden 2016
B. Bawey, *Assads Kampf um die Macht*, essentials,
DOI 10.1007/978-3-658-12057-3_3

des Islams jedoch ab. Die Muǧāhidūn wendeten sich nach dem Krieg gegen ihre ehemaligen Unterstützer. Das Ergebnis dieser Entwicklungen waren die Terroranschläge vom 11. September 2001 in den USA und zwei verlorene Kriege: wieder Afghanistan und (wieder) der Irak. Was geschähe, wenn in Syrien erneut eine „falsche" Partei mit Waffen beliefert würde?

Das ʾAsad-Regime ging seit jeher mit grausamer Härte gegen die islamistische Opposition im eigenen Land vor. Jeder Widerstand wurde im Keim erstickt, bis schließlich der Funke der Revolution, die Arabellion, auch auf Syrien übersprang. Was mit Protesten gegen das brutale Vorgehen der Polizei und der Geheimdienste begann, entwickelte sich schnell zu landesweiten Aufständen gegen die Regierung von Baššār al-ʾAsad und weitete sich zu einem Bürgerkrieg aus, der Syrien verwüstet und destabilisiert. Innerhalb dieses Bürgerkrieges brachen Konfliktlinien auf, die unter der Herrschaft des ʿAlawīten-Regimes nicht zutage getreten waren.

Die Wurzeln dieses Konflikts, der sich seit März 2011 blutig entlädt, liegen letztlich weiter in der Vergangenheit zurück. Werden Syrien und der syrische Bürgerkrieg als Teilrealität des Nahostkonfliktes begriffen, so kann ohne Übertreibung von einem hundertjährigen Konflikt gesprochen werden. *ʾAsads Kampf um die Macht* steht synonym für den Versuch des ʿalawītischen Regimes in Syrien, die Kontrolle im Land beizubehalten und zurückzugewinnen […].

Dieser Band ist ein Auszug aus dem beim LIT-Verlag in der Edition: Forschung erschienenen Buch *Syriens Kampf um die Golanhöhen – Mit einer ersten Betrachtung zum Bürgerkrieg*. Die einzelnen Abschnitte wurden zum Teil vollständig überarbeitet und der neuen Fragestellung angepasst. Dieser veränderte und aktualisierte Auszug soll dem Leser vor allem einen schnellen Überblick über den Nahostkonflikt geben und zugleich die Problematik des Syrienkonflikts thematisieren. Gerade seit Ausbruch des Bürgerkrieges hat die Berichterstattung über Syrien stark zugenommen, die einzelnen Facetten und Hintergründe werden aber nicht immer im Zusammenhang dargestellt und umfassender erklärt. Genau hier setzt dieser Band an.

# Geheimdiplomatie, Grenzverschiebungen und Putschversuche: Die Geburt des syrischen Staates im Nahen Osten

**4**

Bei der deutschen Berichterstattung über den Syrienkonflikt ist oft die Rede vom *Nahen* oder *Mittleren Osten*, manchmal wird auch vom Orient gesprochen. Gemeint sind dabei die Regionen östlich des Mittelmeers, Syrien und seine arabischen Nachbarn sowie Israel. Die englischsprachigen Medien verwenden oft den Begriff des *Middle East*, womit die Regionen Nordafrikas sowie die arabischen Staaten östlich des Mittelmeers und auf der Arabischen Halbinsel gemeint sind. Der Iran als nicht-arabisches Land wird ebenfalls mit diesen Gebieten zusammengefasst. *Greater Middle East* ist eine erweiterte Beschreibung und nimmt zusätzlich die ehemaligen sowjetischen Gebiete des Kaukasus und Zentralasiens mit in diese Definition auf. Somit werden Länder wie Afghanistan, Pakistan und die Türkei, aber auch Georgien, Aserbaidschan oder Turkmenistan einbezogen (vgl. Schmid 1993). Wird in diesem Band vom Nahen Osten gesprochen, so sind damit die folgenden Länder und Gebiete gemeint: das historische Palästina, das heutige Israel (einschließlich der besetzten Westbank und des Gazastreifens), die angrenzenden Staaten Libanon, Syrien, Jordanien sowie Ägypten (siehe Abb. 4.1).

Geografische Attribute wie „Naher" oder „Mittlerer" Osten sind westeuropäische Zuordnungen, welche ursprünglich auf die Kolonialzeit zurückgehen. In dieser Wahrnehmung wurde Indien als *East* und China als *Far East* angesehen. Gebiete um das Mittelmeer galten als *Near East*, während die des Indischen Ozeans als *Middle East* wahrgenommen wurden (vgl. Hubel 2005, S. 179).

Es handelt sich bei *near* und *middle* um geografische Einordnungen aus dem imperialen Zeitalter und sie entspringen einer eindeutig euro-zentrischen Perspektive: Europa als das Zentrum einer Welt, die es zu unterwerfen, aufzuteilen und letztlich auszubeuten galt. Die genannten Beschreibungen dieser Regionen ergeben nur Sinn, wenn die Weltkarte mit Europa als Mittel- und Ausgangspunkt des Weltgeschehens betrachtet wird. So waren es auch Europäer, vor allem Franzosen und Briten, die den Nahen Osten unter sich aufteilten, Kolonien schufen

© Springer Fachmedien Wiesbaden 2016
B. Bawey, *Assads Kampf um die Macht,* essentials,
DOI 10.1007/978-3-658-12057-3_4

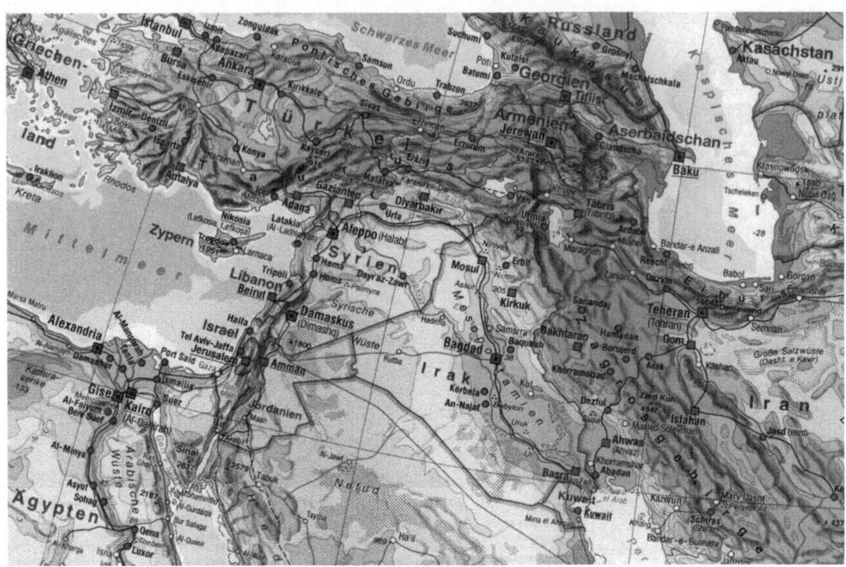

**Abb. 4.1** Ein Ausschnitt des Nahen Ostens in seinen modernen Grenzen, welche jedoch mehr und mehr von den Einheiten des „Islamischen Staates" infrage gestellt und revidiert werden (Bildnachweis: Zahn 1996, S. 156).

und Grenzen zogen, welche letztlich eine ganze Weltregion prägen sollten. Drei fatale Abkommen zu Beginn des 20. Jahrhunderts schufen die Grundlage für eine Instabilität, die zum Nährboden von Konflikten werden sollte, deren Wucht wir heute zu spüren bekommen: die Hussain-McMahon-Korrespondenz von 1915, das Geheimabkommen von Sykes-Picot von 1916 (siehe Abb. 4.2) und die Balfour Declaration von 1917.

Während des Ersten Weltkrieges trat das Osmanische Reich aufseiten Deutschlands in den Krieg ein. Die Entente-Mächte initiierten daher eine arabische Revolte gegen die Osmanen, die seit Jahrhunderten einen Großteil Arabiens und seiner Bewohner beherrschten. Für ihre Unterstützung sicherte Großbritannien den Arabern im Jahr 1915 einen unabhängigen Staat zu, der ein Gebiet vom ägyptischen Sinai über Syrien, Palästina und Mesopotamien bis ins türkische Taurus-Gebirge im Norden und bis hin zur iranischen Grenze im Osten, einschließlich der gesamten arabischen Halbinsel, umfassen sollte (vgl. Rogan 2012, S. 210 ff.). Die Zusage dieses Araberstaates ging auf Briefwechsel zwischen dem britischen Hochkommissar Sir Henry McMahon und Hussain ibn Ali, dem Groß-Scharifen und Hüter

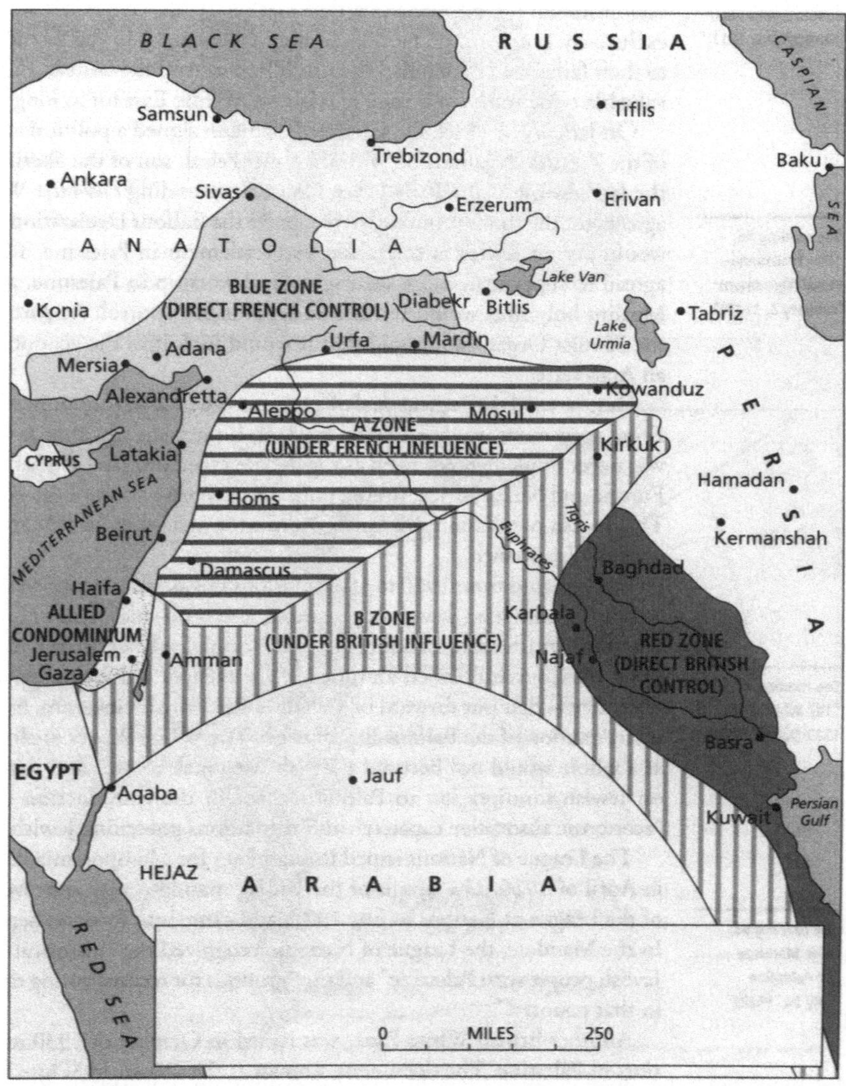


**Abb. 4.2** Im Sykes-Picot-Abkommen von 1916 wurde der Nahe Osten neu geordnet und in Interessensphären eingeteilt. Großsyrien (ohne Palästina) wurde zur französischen Einflusszone. Großbritanniens indirekter Einfluss bezieht sich in dieser Karte auf Transjordanien und Teile Mesopotamiens, während die direkte Kontrolle auf ein Gebiet mit gewaltigen Ölvorkommen ausgeübt wird, welches heute als Irak bekannt ist (Bildnachweis: Mahler und Mahler 2010, S. 5).

der heiligen Stätten Mekka und Medina, zurück. Daher wird in diesem Zusammenhang immer von der Hussain-McMahon-Korrespondenz gesprochen.

Die Osmanen konnten während des Krieges weder die erhoffte Vormachtstellung im Nahen Osten zurückerlangen, noch war es ihnen möglich, den vollständigen Zusammenbruch des eigenen Großreiches zu verhindern. Die Siegermächte teilten die Konkursmasse des „kranken Mannes am Bosporus" bereits neu unter sich auf, während deutsche Ingenieure noch fieberhaft den Bau der Bagdadbahn vorantrieben. Den Ausgang des Krieges sollte das nicht mehr beeinflussen. Das Osmanische Reich zerbrach ebenso wie das Deutsche Kaiserreich, die Donaumonarchie und das russische Zarenreich. Währenddessen wurden auf den Verhandlungstischen in Paris die bereits fertigen Pläne für einen neuen Nahen Osten aufgerollt.

Intensive Verhandlungen zwischen der britischen und französischen Regierung, namentlich durch die beiden Diplomaten Sir Mark Sykes und François Georges-Picot, gipfelten 1916 im Geheimabkommen von Sykes-Picot (siehe Abb. 4.2). In der von Briten und Franzosen entworfenen Nachkriegsordnung wurde der ehemalige Herrschaftsbereich der Osmanen in verschiedene Interessensphären eingeteilt (vgl. Stevenson 2006, S. 179).

Teile Anatoliens und die östliche Mittelmeerküste – also die Regionen um Alexandretta, Latakia und Beirut – kamen unter direkte französische Kontrolle. Die verbleibenden Gebiete Großsyriens, die bis nach Mosul in Mesopotamien reichten, wurden als *Zone A* der französischen Einflusssphäre zugeordnet. Syrien wurde dadurch zum französischen Mandatsgebiet. Die sich südlich an Großsyrien anschließende Zone B erstreckte sich vom östlichen Ende der Sinai-Halbinsel über die Gebiete um Amman bis nach Kirkuk im Osten und verlief in südlicher Richtung auf der Arabischen Halbinsel bis zu den Gebieten, die zum heutigen Saudi-Arabien gehören. Diese Zone B stand unter britischem Einfluss.

Zusätzlich erklärte der britische Außenminister Arthur James Balfour im Jahr 1917 in einem Schreiben an führende Zionisten, dass die britische Regierung der Errichtung einer nationalen Heimstätte für das jüdische Volk im (nach wie vor osmanischen) Palästina mit Wohlwollen entgegensehe (vgl. Johannsen 2009, S. 9). Der Zionismus verstand sich spätestens seit Theodor Herzls Werk „*Der Judenstaat – Eine moderne Lösung der Judenfrage*" als die politische Nationalbewegung des Judentums, die einen eigenen Staat für alle Juden forderte (vgl. Herzl 1988, S. 117). Ziel waren Besiedlung und Aufbau einer jüdischen Heimstätte im Sinne des Zionismus (vgl. Louvish 2007, S. 660) und der zionistischen Landnahme. Wegen antisemitischer Ausschreitungen – im 19. Jahrhundert vor allem in Russland und Frankreich – diskutierten viele Zionisten die Erschaffung eines Judenstaates, in welchem Juden in Sicherheit vor Anfeindungen einer nicht-jüdischen Mehrheitsgesellschaft leben könnten. Palästina war dabei nicht das einzig mögliche Zielland und so wurden auf den ersten Zionistenkongressen auch Länder wie Argentinien oder Uganda erörtert (Haumann und Haber 1997, S. 15). Seit 1880 gab es jedoch immer wieder Einwanderungswellen nach Palästina (vgl. Chomsky 2002, S. 337), die nicht selten religiös motiviert waren. Viele jüdische Siedler interpretierten die Emigration in die Region als eine Art Heimkehr in das Land, welches Gott seinem auserwählten Volk versprochen habe.

Was nun folgte waren massive Einwanderungswellen jüdischer Siedler, welche in den seltensten Fällen mit der einheimischen arabischen (Mehrheits)Bevölkerung koordiniert oder abgesprochen waren. Weitere Einwanderungsschübe setzten mit der Machtergreifung Hitlers sowie der Verfolgung und Vernichtung von Juden in ganz Europa ein. Die britische Mandatsmacht in Palästina geriet spätestens mit dem Ende des Zweiten Weltkrieges mehr und mehr zwischen die Fronten eines eskalierenden Konflikts, in dem sich zwei Völker um ein und dasselbe Land stritten. Immer mehr jüdische Siedler beanspruchten immer mehr Land für sich; gleichzeitig lehnten es immer mehr Araber ab, ihr Land den aus Europa kommenden Emigranten zu überlassen.

Ein Teilungsplan der UNO (siehe Abb. 4.3) sah schließlich vor, 55 % von (Rest) Palästina dem jüdischen Staat zuzusprechen, während die Araber mit 1,2 Mio. Einwohnern gegenüber 600.000 Juden eine demografische Zweidrittelmehrheit im Land bildeten und zudem circa 80 % des fruchtbaren Landes besaßen (vgl. Rogan 1012, S. 350 ff.). Aufstände der Araber gegen diese Politik wurden von den Briten mit aller Gewalt niedergeschlagen (vgl. Haumann und Haber 1997, S. 283). Gleichzeitig fühlten sich radikale jüdische Siedler um ihr Staatsprojekt betrogen und übten terroristische Anschläge gegen die britische Mandatsmacht aus.

Durch die immer weiter eskalierende Gewalt in Palästina sah sich die britische Besatzungsmacht schließlich gezwungen, das Land zu verlassen, womit sie die einheimische arabische Bevölkerung sich selbst und damit ihrem Schicksal überließ. Der Ausrufung des Staates Israel im Jahr 1948 folgte die Kriegserklärung der arabischen Staaten. Im Zuge der Auseinandersetzungen wurden 700.000 palästinensische Araber durch zionistische Kampfverbände aus ihrer Heimat vertrieben. Hunderte Dörfer wurden dem Erdboden gleichgemacht. Sie mussten dem neuen jüdischen Staat weichen, der umgehend von den USA und der Sowjetunion anerkannt wurde (siehe Abb. 4.3).

Die UN-Resolution 181, welche neben dem jüdischen auch einen palästinensisch-arabischen Staat vorsah, wurde – wie viele weitere, folgende UN-Resolutionen – missachtet, womit der Bruch internationalen Rechts besiegelt wurde (siehe

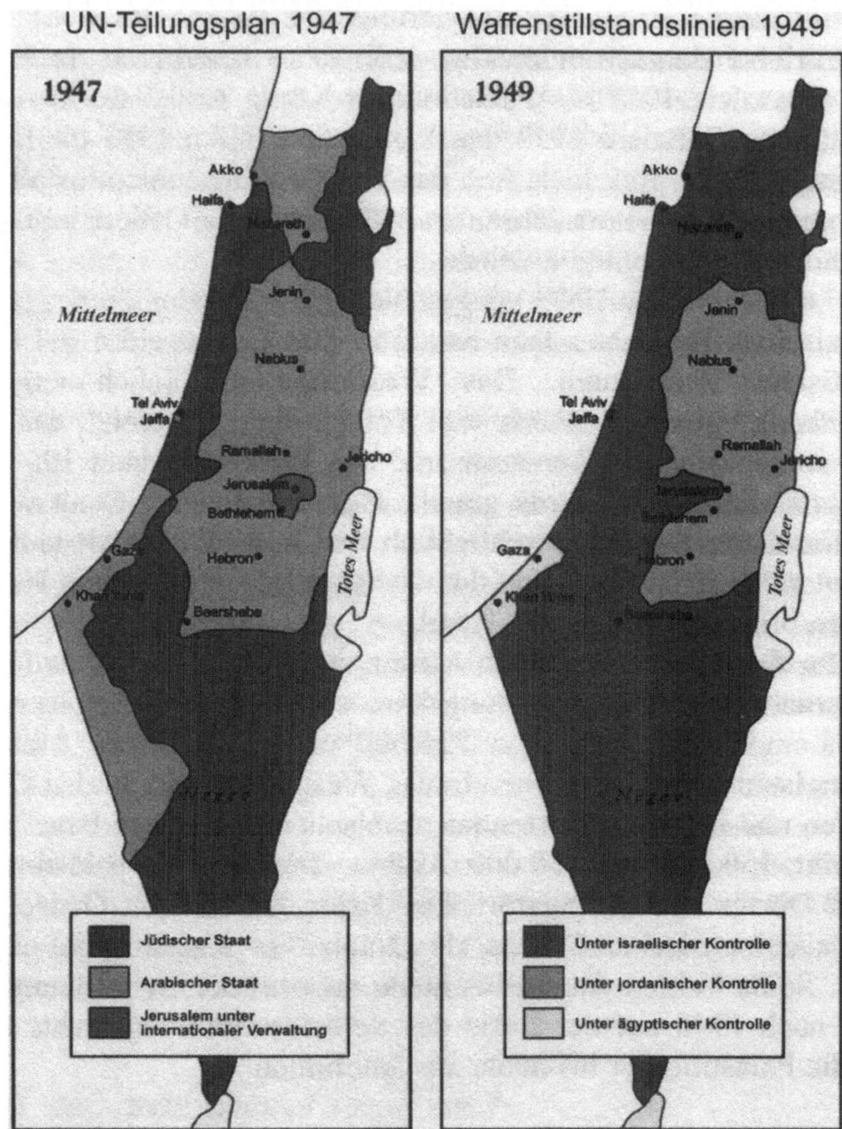


**Abb. 4.3** Israel gemäß der UN-Resolution 181 von 1947 und im Vergleich dazu in den Grenzen nach dem ersten Nahostkrieg von 1948/1949, nach der Vertreibung der Araber. Das Gebiet des jüdischen Staates ist hier dunkler abgebildet. Die übrig gebliebenen Territorien des eigentlichen Palästinenserstaates (hell) kamen nach dem Krieg unter ägyptische (Gazastreifen) und jordanische (Westjordanland) Kontrolle (Bildnachweis: Johannsen 2009, S. 23).

Abb. 4.3). Die Palästinenser bezeichnen dieses Ereignis bis heute als *Nakbah*, was sich aus dem Arabischen mit *Unglück* oder *Katastrophe* übersetzen lässt. Die Nakbah wurde der Nährboden für weitere Auseinandersetzungen, Nahostkriege und unzählige Eskalationen der Gewalt, die bis heute kein Ende finden. Der Kern des Konflikts blieb jedoch immer derselbe (siehe Abb. 4.4).

Die britische Balfour Declaration wurde somit die Grundlage des Nahostkonfliktes, in dessen Epizentrum der arabisch/palästinensische – jüdisch/israelische Konflikt um das ehemals zu Großbritannien gehörende Mandatsgebiet Palästina liegt (vgl. Johannsen 2009, S. 9). Die regelmäßig zutage tretenden Erschütterungen dieses Konflikts sind bis heute spürbar und der Streit um Palästina bleibt der

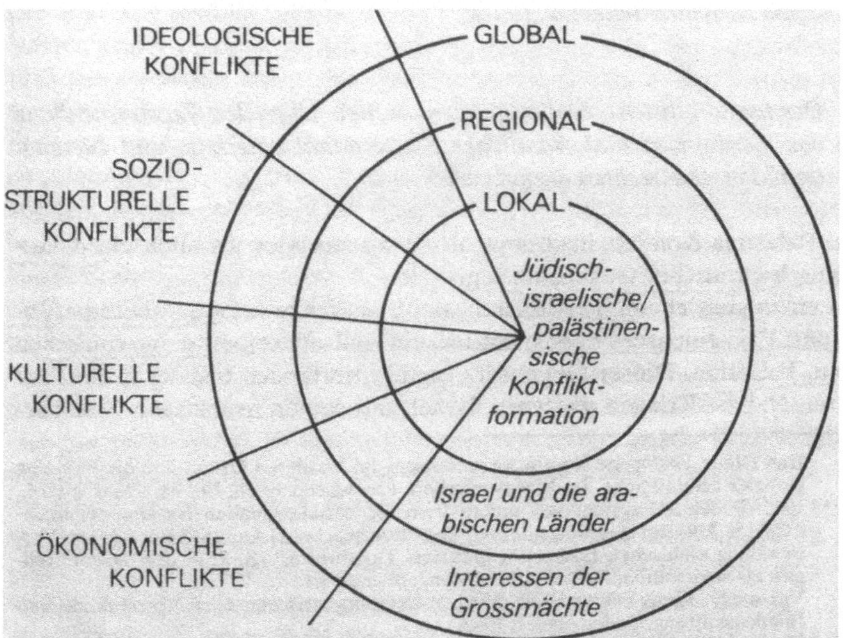


**Abb. 4.4** Der Nahostkonflikt lässt sich in eine lokale, regionale und globale Ebene aufschlüsseln, die allesamt miteinander verbunden sind. Auf der lokalen Ebene handelt es sich um den territorialen Streit zweier Völker um das ehemalige britische Mandatsgebiet Palästina. Der Gegensatz zwischen Juden und Arabern weitete sich mit der Staatsgründung Israels 1948 zu einem Regionalkonflikt des Staates der Juden und der arabischen (Nachbar)Staaten aus. Internationale Organisationen, Regional- und Supermächte versuchten immer wieder, auf die Konfliktparteien einzuwirken und somit sind sie ebenfalls involviert. Alle diese drei Ebenen werden *zusätzlich* durch ideologische, soziostrukturelle, kulturelle, ökonomische und religiöse Konflikte überlagert (Bildnachweis: Schmid 1997, S. 26).

ungelöste Schlüsselkonflikt des Nahen Ostens (vgl. Hermann 2010, S. 14), in den auch Syrien von Beginn an involviert war (vgl. Bawey 2013).

Im Arabischen kann Syrien mit *aš-Šām* übersetzt werden, was im modernen Sprachgebrauch zudem auch *Damaskus* bedeutet. Hingegen meint *Bilād aš-Šām* das Gebiet des historischen *Großsyriens* (siehe Abb. 4.5), bestehend aus dem modernen Syrien *einschließlich* des Libanons, Jordaniens, Teilen des heutigen Iraks, des historischen Palästina und Alexandretta, der heutigen türkischen Provinz

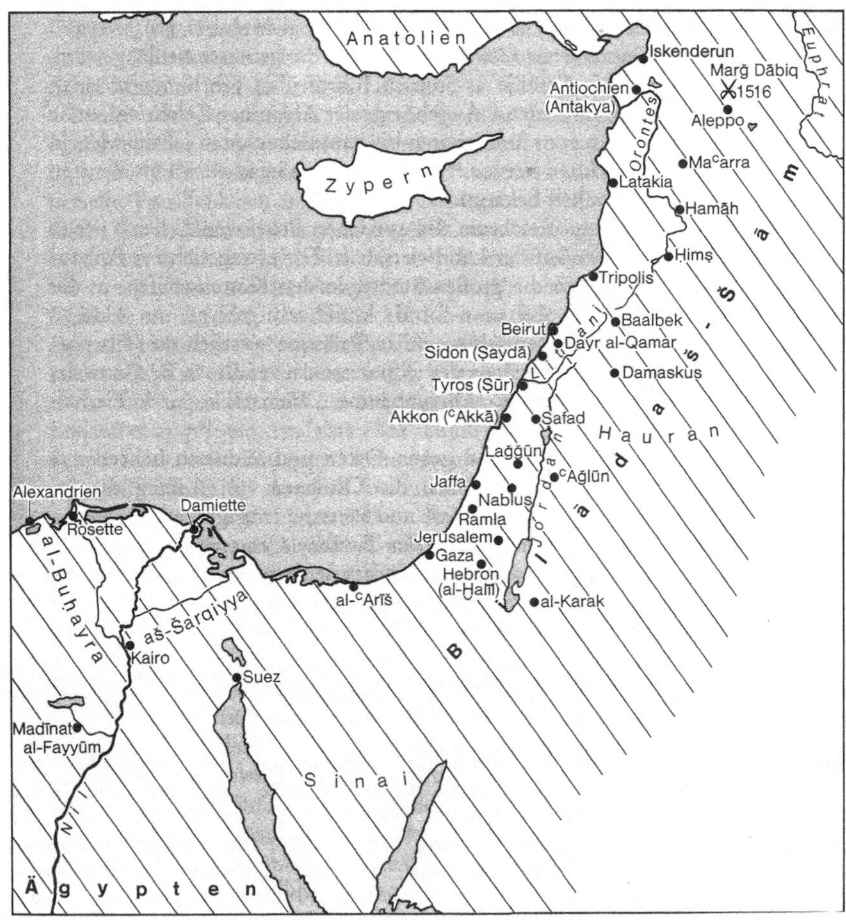


**Abb. 4.5**  Die Provinzen des Bilād aš-Šām als Teil des Osmanischen Reiches (hier gestreift) vom 16. bis 18. Jahrhundert (Bildnachweis: Kellner-Heinkele 1987, S. 353).

Hatay (vgl. Bosworth 1997, S. 261). Die Region um Alexandretta gehörte zum französischen Mandat Syrien, wurde jedoch immer mit gewissen Autonomierechten separat verwaltet und erhielt Ende der 1930er Jahre sogar kurzzeitig die Unabhängigkeit. Es kam zu Zusammenstößen zwischen ethnischen Türken auf der einen und Alawiten (siehe dazu Kap. 5) sowie Armeniern auf der anderen Seite. 1939 stimmte Frankreich in Verhandlungen mit der Türkei einem seit längerem geforderten Anschluss der „Provinz Hatay" an die Türkei zu (vgl. Inalic 1997, S. 138). Mit diesem Zugeständnis sollte am Vorabend des Zweiten Weltkrieges einem möglichen Kriegsbeitritt der Türkei aufseiten Deutschlands entgegengewirkt werden (vgl. Rogan 2012, S. 335). Die Rechnung ging auf. Offiziell blieb die Türkei im Zweiten Weltkrieg neutral und wiederholte somit nicht den Fehler von 1914. Gleichzeitig wurde ein (groß)syrischer Einheitsstaat – einmal wieder – mit Erfolg verhindert (siehe Abb. 4.6).

Die Grenzen des heutigen Syriens schließen zwar die Kerngebiete des Bilād aš-Šām (ohne den Libanon) ein, sind letztlich aber das Werk der französischen Mandatsherrschaft. Die koloniale Logik des Teilens und Herrschens, *divide et impera*, verhinderte einen starken Staat mit einer homogenen Bevölkerung (vgl. Eich 2008, S. 308 f.). Das moderne Syrien weist somit eine Fülle an sozialen, ökonomischen und religiösen Widersprüchen auf. Die inneren Spannungen zwischen den verschiedenen ethnischen und religiösen Gruppen sind jedoch kein reines Phänomen der Neuzeit und lassen sich schon in der Mamluken-Zeit nachweisen (vgl. Kellner-Heinkele 1987, S. 347).

Die volle Souveränität erhielt Syrien erst im Jahr 1946. Nach der erneuten, brutalen Niederschlagung von Aufständen und Unabhängigkeitsbewegungen sowie der Bombardierung von Damaskus verließen die französischen Besatzungstruppen schließlich das Land. Die politische Elite führte Syrien kurz nach der neu gewonnenen Unabhängigkeit in den bereits erwähnten ersten Nahostkrieg (1948/1949) gegen Israel (siehe Abb. 4.3). Eine Entscheidung, die in einem militärischen Desaster endete. Soziale sowie politische Probleme konnten nach dem Krieg in keiner Weise gelöst werden. Der nun offen hervorgetretene syrisch-israelische Konflikt entbrannte vor allem um die Golanhöhen, einem Gebirgszug, in dem die drei Quellflüsse des Jordans entspringen. In den 1920er Jahren erfolgte die Aufteilung Palästinas und vier Fünftel des ursprünglichen Mandatsgebiets wurden als Emirat Transjordanien neu konstruiert. Zusätzlich wurden die im Norden von Rest-Palästina liegenden Golanhöhen abgetrennt und ab den Gebieten oberhalb des Sees Genezareth dem französischen Mandat Syrien zugeschlagen (vgl. Bawey 2013, S. 135). Der israelische Staat hatte somit in den Grenzen, in welchen er ursprünglich entworfen worden war, keinen Zugang zu den wichtigen Süßwasservorkommen des Nahen Ostens. Somit waren Konflikte mit den arabischen Nachbarstaaten quasi vorprogrammiert (siehe dazu ausführlicher Bawey 2013, S. 142–210).

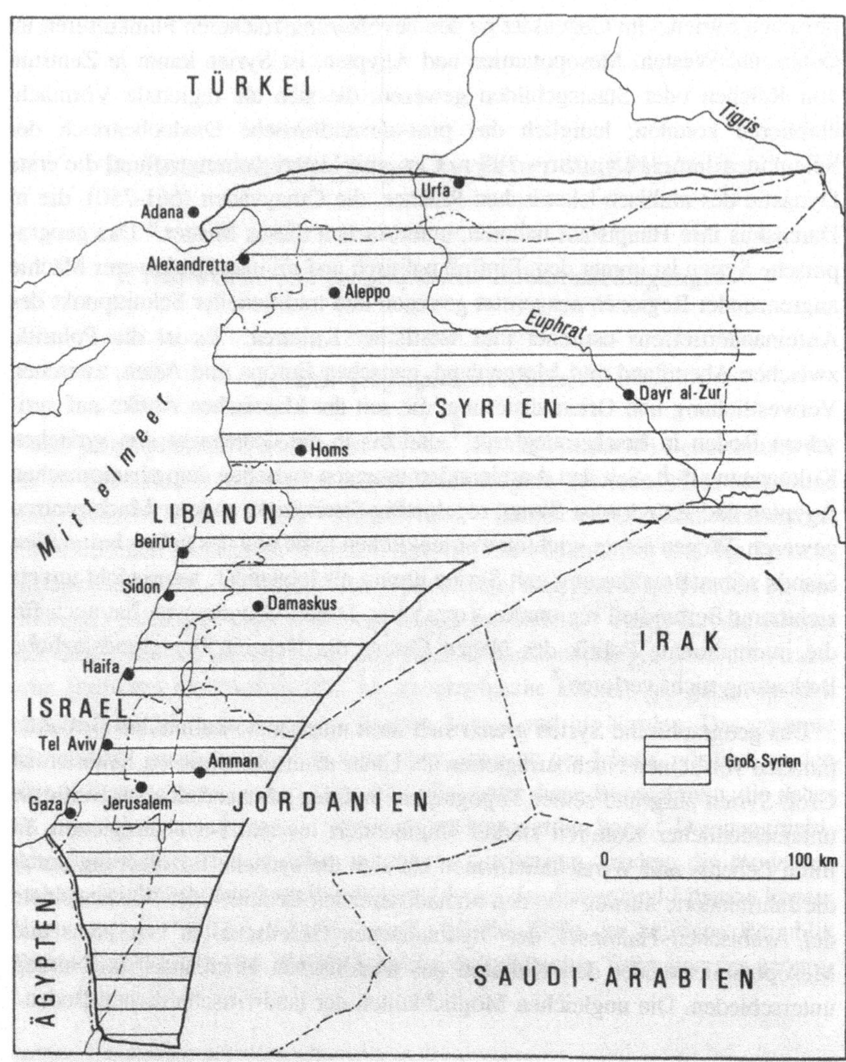


**Abb. 4.6** Das geografische Großsyrien in seiner ganzen Ausdehnung. Andere Karten beziehen selbst große Teile des heutigen Iraks mit ein. Der „Islamische Staat" hat die Grenzen von Sykes-Picot für nichtig erklärt und führt nun propagandistisch geschickt große Teile des Bilād aš-Šām wieder zusammen (Bildnachweis: Klaff 1993, S. 94).

In den 1950er Jahren beteiligte sich Syrien nicht am antisowjetischen Bagdad-Pakt. Diese neutrale Haltung innerhalb des Ost-West-Konfliktes hatte erhebliche westliche Repressionen zur Folge. In diesem Kontext kam es 1958 zur Vereinigung Syriens mit Ägypten zur *Vereinten Arabischen Republik*. Der Zusammenschluss dieser beiden Länder war überstürzt und unausgereift. Die Vereinigung wurde 1961 wieder rückgängig gemacht, was am wachsenden Einfluss der Militärs in Damaskus lag, aber letztlich auf die Dominanz Ägyptens unter Präsident Nassir innerhalb des Bündnisses zurückzuführen war (vgl. Shammas 2013, S. 183 f.). Am 8. März 1963 putschte schließlich eine Gruppe von Militärs erfolgreich gegen die Regierung (vgl. Pertes 1997, S. 275 f.).

Bis zur endgültigen Etablierung der Macht des syrischen Verteidigungsministers Hafiz al-Asad erlebte der junge Staat mehrere Regierungskrisen und insgesamt sechs Militärputsche (vgl. Müller 2009, S. 164). Hafiz al-Asad regierte Syrien als Präsident von 1971 bis zu seinem Tod im Jahr 2000. Der für die Nachfolge seines Vaters vorgesehene älteste Sohn Bassil verstarb bei einem Autounfall im Jahr 1994. Aus diesem Grund wurde Baschar zum Nachfolger und zukünftigen Führer des Landes bestimmt (siehe Abb. 6.1). Baschar al-Asad, ein studierter Mediziner, der sich in London zum Augenarzt ausbilden ließ, kehrte nach Syrien zurück, wo er auf das Amt des Präsidenten vorbereitet wurde.

Nach dem Tod Hafiz al-Asads wurde die syrische Verfassung geändert und das Mindestalter für eine Präsidentschaftskandidatur von 40 auf 34 Jahre herabgesetzt. Baschar al-Asad erhielt die höchsten militärischen Ränge und wurde zum Oberbefehlshaber der Streitkräfte ernannt. Nach einer anfänglichen, scheinbaren Phase der Öffnung, dem „Damaszener Frühling", setzte er die Politik seines Vaters Hafiz jedoch fort. Dabei konnte Baschar al-Asad vor allem auf die Brutalität der syrischen Geheimdienste vertrauen, deren Führung – wie er selbst – der religiösen Minderheit der *Alawiten* entstammt. Die alawitische Regierung in Damaskus übt somit die Macht über eine mehrheitlich sunnitisch geprägte Gesellschaft aus (siehe Abb. 5.3).

# Kampf der Konfessionen? Sunniten, Schiiten, Christen und Alawiten

5

واحد واحد واحد... الشعب السوري واحد!

*Eins, eins, eins… Das syrische Volk ist eins!*
(Ausruf aus dem syrischen Bürgerkrieg)

Syrien war seit jeher ein Land ethnischer und religiöser Kontraste (siehe Abb. 5.3). Neben verschiedenen muslimischen Glaubensgemeinschaften und christlichen Konfessionen gibt es eine Vielzahl religiöser Splittergruppen, die teilweise beinahe „exotischer" Natur sind. Syrien ist ein muslimisches Land mit einer mehrheitlich sunnitischen Bevölkerung. Politisch handelt es sich um einen säkulareren Staat, in dessen Verfassung jedoch fest verankert ist, dass nur ein Muslim zum Präsidenten der Syrischen Arabischen Republik ernannt werden kann (vgl. Shammas 2013, S. 184). Seit der Vereidigung Hafiz al-Asads zum Präsidenten im Jahre 1971 liegt die Macht in Syrien in den Händen eines *alawitischen* Clans und der Militärs, die mehrheitlich auch den Alawiten (ʿAlawīten) angehören. Nach der Machtergreifung Asads fragten sich nicht wenige Syrer, unter ihnen vor allem Sunniten, wie muslimisch die Alawiten, die sie regieren, eigentlich seien (vgl. Abu Zarr 2013, S. 21). Bevor hier genauer auf die konfessionellen Konflikte im Land eingegangen wird, soll zunächst einmal allgemein geklärt werden, was mit *Islam* gemeint ist und wie sich die beiden größten muslimischen Gruppen *Sunniten* und *Schiiten* charakterisieren lassen.

Das Wort Islam bedeutet aus dem Arabischen übersetzt *Unterwerfung* oder *Hingabe an Gott/unter den Willen Gottes* (vgl. Jomier 1990, S. 171). Der Islam ist nach dem Christentum die weltweit zweitgrößte Schriftreligion. Damit sind Religionsgemeinschaften gemeint, die eine heilige Schrift oder ein Buch besitzen,

© Springer Fachmedien Wiesbaden 2016
B. Bawey, *Assads Kampf um die Macht*, essentials,
DOI 10.1007/978-3-658-12057-3_5

auf dessen Inhalte maßgeblich Bezug genommen wird, weswegen auch von Buchreligionen die Rede ist. Die Prinzipien des Islams beruhen primär auf den Lehren des Korans, der, so die muslimische Auffassung, dem Propheten Muhammad durch den Erzengel Gabriel geoffenbart worden ist (Hughes 1995, S. 341). Zusätzlich zum Koran werden als zweite religiöse Quelle die Traditionen und Aussprüche (Ḥadīṯ) des Propheten und z. T. auch seiner Gefährten herangezogen. Es handelt sich um Normen und Werte mit konkreten Handlungsanweisungen, was auf Arabisch *Sunnah* bedeutet (vgl. Bobzin 2011, S. 22). Die Anhänger dieser Wertvorstellungen und Anweisungen werden daher allgemein als die *Sunniten* bezeichnet. Auf die Schiiten wird im weiteren Verlauf dieses Kapitels noch genauer eingegangen.

Der Islam hat im Laufe der Geschichte unterschiedlichste Formen angenommen. Rund ein Fünftel der Weltbevölkerung ist dieser Religion zuzurechnen und somit bilden Muslime weltweit in 46 Nationalstaaten die Mehrheit (vgl. Tibi 1994, S. 27). Von einem einheitlichen Islam kann dabei aber keineswegs die Rede sein. Allein der sunnitische Islam unterteilt sich in vier wesentliche Rechtsschulen[1], welche die Quellen der Religion unterschiedlich interpretieren.

Es scheint sinnvoll, den Islam vor allem als ein kulturelles System zu verstehen. Kulturelle Systeme basieren auf einer Weltsicht und auf Wahrnehmungen, die in lokalen Traditionen und Sozialstrukturen verankert sind (vgl. ebd., S. 26). Konkret bedeutet das, dass religiöse Texte und Normen durch das kulturelle Umfeld oder die Familie geprägt werden. So wird beispielsweise die Frage, ob eine Frau ein Kopftuch tragen solle oder sich ganz verschleiern müsse, von Muslimen auf der ganzen Welt völlig unterschiedlich beantwortet.

Ungeachtet dieser kulturellen Prägung haben Muslime dennoch ein gemeinsames Weltbild und Glaubenssätze, welche sie verbinden (vgl. ebd., S. 65 f.). Allgemein gefasst ist danach Muslim (oder Moslem), wer an den einzigen Gott (ʾAllāh) und den Koran als geoffenbartes Wort Gottes glaubt (vgl. ebd. Halm 2001, S. 7 f.). Muslime sehen sich als Bestandteil einer Gemeinschaft (ʾUmma), die sie von anderen (Schrift)Religionen abgrenzt. Der Islam legt seinen Gläubigen – egal ob Sunniten oder Schiiten – fünf religiöse Grundpflichten auf, welche auch als die *fünf Säulen des Islams* bezeichnet werden: das Glaubensbekenntnis, das fünfmal am Tag erfolgende Gebet (siehe Abb. 5.1), das Fasten während des heiligen Monats Ramadan, die Almosensteuer für die Armen sowie die Pilgerfahrt nach Mekka, die jeder Muslim im Laufe seines Lebens einmal antreten sollte. Die Frage, wie streng diese Pflichten im Einzelnen zu erfüllen sind, hängt ebenfalls maßgeblich vom kulturellen und familiären Umfeld ab. Zudem gibt es, wie in diesem Kapitel noch gezeigt wird, Gruppierungen, die historisch zwar auf den Islam zurückzufüh-

---

[1] Die hanafitische, malikitische, schafiitische und hanbalitische Schule.

**Abb. 5.1** Die Moschee – wie hier die Umayaden-Moschee in Damaskus – ist ein Ort der Ruhe, der Zusammenkunft und des Gebets. Gläubige Sunniten wie Schiiten beten fünfmal täglich: Bei Sonnenaufgang, zum Mittag, am Nachmittag, bei Sonnenuntergang und noch einmal in der Nacht (Bildnachweis: Eigene Aufnahme).

ren sind, die sich aber von zentralen Riten und eben diesen Grundpflichten gelöst haben. Die zumeist politisch motivierte Frage, ob bei diesen „Sekten" dann überhaupt noch von Muslimen gesprochen werden kann, lässt sich nicht immer ohne Weiteres beantworten (vgl. ebd., S. 59 f.).

Im islamischen Verständnis ist die Religionsgeschichte eine Historie der Propheten, welche zum Teil auch im Christentum bekannt sind (siehe Abb. 5.2): Beginnend mit dem ersten Menschen Adam tauchen im Koran Namen wie Noah, Abraham, Moses oder Jesus auf. Sie alle empfingen göttliche Offenbarungen, die der Islam anerkennt. Die Propheten verbreiteten das Wort des einen Gottes unter den Menschen, mahnten, sich an dieses zu halten, und berichteten vom Jüngsten Gericht. Jedoch ist in der muslimischen Eigenwahrnehmung mit Muhammad – der die Offenbarung Gottes nach Jesus erhielt – der Abschluss der Prophetien erreicht. Muhammad gilt als der letzte in dieser Kette (vgl. Tibi 1994, S. 65 ff.), nach dem keine weiteren Propheten folgen.

**Abb. 5.2** Als eines der bedeutendsten Gotteshäuser des Islams gilt die Umayaden-Moschee in Damaskus. Sie wird gleichermaßen von Sunniten und Schiiten aufgesucht. Sowohl der Kopf Johannes' des Täufers als auch der Kopf des in der Schlacht von Kerbela gefallenen Hussains, des Enkels des Propheten Muhammad, sollen sich in den Schreinen des Innersten befinden. Die Schlacht von Kerbela gilt in der islamischen Selbstwahrnehmung als das Ereignis, welches Sunniten und Schiiten endgültig voneinander trennte (Bildnachweis: Eigene Aufnahme).

Der Prophet Muhammad verstarb – nach christlicher Zeitrechnung – im Jahr 632, ohne dass die Frage, wer seine politische Nachfolge in der neuen muslimischen Gemeinschaft antreten solle, eindeutig geklärt war. Auf den Tod des Propheten folgte die später als Goldenes Zeitalter verklärte Zeit der vier rechtgeleiteten Kalifen (vgl. Halm 2001, S. 22), beginnend mit dem ersten Nachfolger (Kalifen) Abu Bakr, der auch in der heutigen Propaganda des „Islamischen Staates" eine wichtige Rolle spielt (siehe Kap. 6). Auf Abu Bakr folgten – innerhalb weniger Jahre – Umar, Uthman und schließlich Ali ibn Abi Talib, der Cousin und Schwiegersohn des Propheten Muhammad.

Aus historischer Perspektive wird der Unterschied zwischen Sunniten und Schiiten mit dem Streit um genau diese Nachfolge begründet (siehe Abb. 5.2). Im Gegensatz zu den Sunniten, welche den Kalifen (Ḥalīfa) als den *Nachfolger* des Propheten Muhammad ansehen, verehren die Schiiten den Imam ('Imām) als ihren göttlich geleiteten Führer (vgl. Madelung 1986, S. 1163 ff.). Ali, der bereits genannte Cousin des Propheten, gilt den Sunniten als vierter Kalif, während seine Anhänger, die Schiiten, ihn als ersten Imam ihrer „Partei" betrachten. Die Schiiten lehnen die ersten drei Kalifen und insgesamt das gesamte Konzept des Kalifats ab. Aus ihrer Sicht kann nur ein Nachfahre Alis die Nachfolge des Propheten antreten, weswegen diese Gruppe im Arabischen als *Partei Alis* (Šīᶜat ᶜAlī) bezeichnet wird. Aus dem arabischen Wort *Schiat* (Partei) leitet sich folglich das deutsche Wort Schiit (Plural: Schiiten) ab.

Was mit Streit und kriegerischen Auseinandersetzungen begann, endete schließlich in der endgültigen Spaltung der muslimischen Gemeinschaft (ʾUmma). Obwohl es islamische Länder wie den Irak, Bahrain oder den Iran gibt, in denen der schiitische Islam den Mehrheitsislam repräsentiert, nimmt diese Strömung weltweit insgesamt eine Minderheitenposition ein.

Auch die Schiiten sind in der Interpretation ihrer Lehren und Mystik gespalten und ganz allgemein kann von drei Untergruppierungen gesprochen werden: den Zwölfer-, Siebener- und den sogenannten Fünferschiiten. Die Zahl im Namen beschreibt die Anzahl der Imame, welche die jeweilige Untergruppierung anerkennt. Jedoch vereint sie alle der Glauben an Ali.

Bei den sogenannten Zwölferschiiten besteht die ʾImāmats-Lehre aus einer Kette von insgesamt zwölf Imamen. Sie gelten als die Religionsvorsteher und stellen – wie bereits angesprochen – die Nachkommen des ersten Imams (und gleichzeitig vierten Kalifen) Ali dar. Der Imam gilt den Schiiten als unfehlbar und sündenlos. Nach der zwölferschiitischen Glaubensvorstellung ist der zwölfte und letzte Imam Muhammad al-Muntazar jedoch nicht verstorben, sondern lebt in der Verborgenheit fort. Von dort werde er eines Tages als rechtgeleiteter Erlöser, als *Mahdī,* wiederkehren, um in der Endzeit das Reich Gottes auf Erden zu errichten (vgl. Halm 1988, S. 4).

Eine vergleichbare Interpretation findet sich bei den anderen schiitischen Gruppen: Die Siebenerschiiten spalteten sich nach dem Tod des sechsten Imams von den Zwölferschiiten ab und verehrten seitdem dessen Sohn Ismael als ihren rechtmäßigen Religionsvorsteher. Diese schiitische Gruppe glaubt ebenfalls, dass dieser letzte Imam – also die Nummer sieben in ihrer Version der Kette – nicht verstorben sei, sondern im Verborgenen weiterlebe. Auch Ismael solle, vergleichbar mit dem letzten Imam der Zwölferschiiten, eines Tages als Mahdi wiederkehren. Wegen der Verehrung Ismaels werden die Siebenerschiiten auch als Ismaeliten (ʾIsmāᶜīlīyah) bezeichnet.

Eine feste Abfolge von Imamen wie bei den Zwölfer- und Siebenerschiiten, gibt es bei den sogenannten Fünferschiiten nicht. Bei dieser schiitischen Gruppierung wird eher von *Zaiditen* (Zaidīyah) gesprochen. Dieser Name bezieht sich auf Zaid ibn Ali, einen Nachkommen des Prophetenenkel Hussains, auf dessen Lehren sich diese Gruppe beruft. Die Huthi-Volksgruppe im Jemen gehört beispielsweise den Zaiditen an. Insgesamt ist jeder dritte Jemenit ein Zaidit und mit ihrer Interpretation des schiitischen Islams steht diese Gruppe den Sunniten wiederum näher als alle anderen Schiiten (vgl. Stryjak 2015, Onlinequelle). Der stärkste Zweig des schiitischen Islams bleibt jedoch der der Zwölferschiiten. Von ihnen wird meist implizit gesprochen, wenn allgemein von Schiiten die Rede ist (vgl. Halm 1988, S. 4).

Dem vermutlich ohnehin schon verwirrten Leser kann an dieser Stelle abschließend gesagt sein, dass es innerhalb der sunnitischen und schiitischen Gemeinschaften und der grade grob umrissenen Untergruppen weitere Strömungen und Untergliederungen gibt. Auf eine dieser Abspaltungen – die sogenannten ʿAlawīten – soll hier genauer eingegangen werden, da ihr im syrischen Bürgerkrieg eine Schlüsselrolle zukommt.

Obwohl die Alawiten mit einem Anteil von circa elf Prozent an der syrischen Gesamtbevölkerung (siehe Abb. 5.3) eine alles andere als kleine religiöse Splittergruppe sind, handelt es sich insgesamt dennoch um eine Minderheit. Nichtsdestotrotz ist es genau diese alawitische Minderheit, welche die Macht in Syrien ausübt und seit Ausbruch des Bürgerkrieges 2011 mit aller Gewalt verteidigt (siehe Kap. 6). Die Frage, wie es dieser schiitischen Gruppierung gelang, die Macht über eine überwiegend sunnitische geprägte Mehrheitsgesellschaft auszuüben, führt letztlich wieder zu den Grenzziehungen und der Politik der Kolonialmächte nach dem Ersten Weltkrieg (siehe. Kap. 4).

Die Alawiten (nicht zu verwechseln mit den in der Türkei und auch in Deutschland vertretenen *Aleviten*, den *Ali-Verehrern*) sind eine extreme schiitische Religionsgemeinschaft, die bereits zur Zeit des Osmanischen Reiches neben dem Süden der Türkei und dem heutigen Libanon vor allem in Westsyrien vertreten war. Diese schiitische Gruppe, auch bekannt als *Nusayrier* (Nuṣairīyah), erhielt ihren Namen *Alawiten* (ʿalawī) durch die Franzosen, die 1922 einen eigenständigen Alawitenstaat proklamierten (vgl. Picken 2007, S. 492). Dieses kurzlebige Staatsgebilde mit der Hauptstadt Latakia existierte bis 1936.

Die Bezeichnung *Nuṣairīyah* leitet sich etymologisch – wahrscheinlich – von Muhammad ibn Nusayr ab. Er war der Begründer dieser schiitischen Strömung, die ursprünglich aus der Region des heutigen Iraks stammt. Sich selbst verkündete Muhammad ibn Nusayr zum Propheten. Den 10. schiitischen Imam Ali al-Hadi verehrte er als göttliches Wesen. Laut alawitischer Tradition war Muhammad ibn Nusayr der favorisierte Anhänger des elften Imams (Ḥasan al-Askari), von dem er auch die neue Offenbarungslehre erhalten zu haben scheint, welche zum Kern der religiösen Vorstellungen der heutigen Alawiten wurde (vgl. Halm 1997, S. 145 f.). Bei den Nusayriern handelt es sich um eine schiitische Splittergruppe, die sich wiederum selbst als ʿAlawīyūn bezeichnet, also als Anhänger des bereits mehrfach genannten vierten Kalifen und ersten schiitischen Imams Ali ibn Abi Talib. Mit der Eigenbezeichnung *Alawiten* will diese Gruppierung vor allem den Verdacht des Sektierertums und Abfalls vom Islam vermeiden (vgl. Halm 1982, S. 284).

Der Leser soll an dieser Stelle nicht mit einer ermüdenden Diskussion darüber gelangweilt werden, inwieweit die Begriffe der *Sekte* oder der *Konfession* auf die verschiedenen Gruppierungen innerhalb des Islams anwendbar sind oder eben nicht. Es wird hier lediglich darauf hingewiesen, dass der Islam (wie auch andere Religionen) oft aus einer europäischen Perspektive mit Begriffen beschrieben wird, die christlich geprägt sind. Andere Religionen weisen nicht selten wenig bis keine strukturellen Merkmale auf, welche den christlichen Kirchen ähneln. So kennt der Islam weder eine Art Papst noch weist die Religion kirchenähnliche Strukturen auf. Beim Verwenden spezifisch christlicher Begriffe kann es also zu fehlerhaften Vergleichen kommen, die nicht selten das Christentum und dessen Entwicklung als Maßstab aller Dinge nehmen.

Im Wesentlichen gibt es für die Alawiten eine geistige Welt, bestehend aus Gestirnen oder himmlischen Wesen. Die reine Göttlichkeit ist etwas Unaussprechliches. In der religiösen Vorstellungswelt wird das Göttliche mit einer Trias aus Name (Ism), Sinn (Maʿnā) und Tor (Bāb) ausgedrückt. Diese Trinität sowie der Personenkult um den 10. Imam Ali al-Hadi und um Ali ibn Abi Talib brachten den Alawiten den Vorwurf des Sektierertums und eines Abfalls vom wahren Islam ein (vgl. Wensinck und Kramers 1976, S. 594). Unislamisch scheint auch der alawitische Glaube an die Wiedergeburt von Menschen zu sein, die sich in sieben verschiedenen Transformationsprozessen vollziehen soll (vgl. Heine 2007, S. 234). Viele dieser religiösen Vorstellungen werden noch bis heute als Geheimnis behütet, welches Außenstehenden weitestgehend verschlossen bleibt (siehe dazu ausführlicher Friedman 2010, S. 67–173).

Die Alawiten sind eine Glaubensgemeinschaft, welche sich aus dem frühen schiitischen Islam herausgebildet hat und sich immer wieder gegenüber einem Mehrheitsislam rechtfertigen und behaupten musste. Es sind nicht nur die Unterschiede in der Auslegung der Worte des Propheten, welche die Glaubensrichtungen in Syrien voneinander scheiden. Die innersyrischen Gegensätze verschärften sich bereits während der Kolonialzeit (siehe Kap. 4). Mit der gezielten Förderung religiöser Minderheiten und der Schaffung von arabischen Kleinstaaten (siehe Abb. 4.2) versuchte Frankreich gezielt, einem gesamtarabischen Nationalismus entgegenzuwirken (vgl. Müller 2009, S. 162).

Das historische Hauptsiedlungsgebiet der ʿAlawīten liegt vor allem in der Berg-region um den „Gabal Ansarya", dem Alawiten-Gebirge. Berge und Gebirgszüge sind keineswegs zufällig der Rückzugsraum für Minderheiten, denn diese schwer zugänglichen Regionen konnten häufig Schutz gegenüber bewaffneten Truppen einer Mehrheitsgesellschaft bieten. Während des 20. Jahrhunderts siedelten viele Alawiten in die großen syrischen Städte Latakia, Hama (Ḥamāh) oder nach Ale-xandretta (siehe Abb. 4.1) sowie in den Libanon über (vgl. ebd., S. 188).

Die Territorien, welche überwiegend von Alawiten bewohnt wurden, waren auch Bestandteil des französischen Einfluss- und Mandatsgebiets (siehe Abb. 4.2). Die Mandatsregierung gründete zudem eine Armee, die *Troupes Spécial du Le-vant,* in deren Reihen fast ausschließlich nur Alawiten aufgenommen wurden (vgl. Müller 2009, S. 194 f.). Nach der syrischen Unabhängigkeit blieb das Militär lange Zeit die einzige soziale Aufstiegsmöglichkeit für die einfache Landbevölkerung. Vor allem religiöse Minderheiten, welche nicht selten sozial benachteiligt wurden, strebten somit nach einer Karriere in der syrischen Armee und im Offizierskorps.

Viele Alawiten wurden ins Militär aufgenommen, machten Karriere und ge-wannen damit an Einfluss (vgl. Lobmeyer 1990, S. 12). Im Jahr 1963 putschte sich diese Gruppe schließlich an die Macht und setzte sich im Laufe der kom-menden Jahre endgültig durch. Die alawitischen Offiziere um den früheren sy-rischen Verteidigungsminister Hafiz al-Asad (siehe Kap. 4) waren Anhänger der sozialistischen Baath-Partei (ḥizb al-baʿt al-ʿarabī al-ištirākī) und wurden mit ihren säkularen und nationalistischen Vorstellungen spätestens ab 1970 die gestalten-de Kraft in Syrien. Religiöse Minderheiten sowie Sunniten, welche die syrische Mehrheit repräsentieren, wurden weitestgehend aus der Regierung verdrängt (vgl. ebd. S. 7 f.). Insgesamt lassen sich ungefähr sechzig bis siebzig Prozent der syri-schen Bevölkerung den Sunniten zurechnen.

Eine kleine Anzahl an Zwölferschiiten im Umfeld von Aleppo (Ḥalab) und eine Gruppe von Ismailiten, also Siebener-Schiiten, im Raum Hama ergeben zusammen einen schiitischen Anteil von circa zwei Prozent. Werden die Alawiten unabhängig davon aufgezählt, so stellen sie immerhin einen Anteil von elf Prozent der Gesamt-bevölkerung dar. Die Drusen (ad-Durūz), die wiederum eine Abspaltung von den Siebenerschiiten sind, sich selbst jedoch als eigenständige Religionsgemeinschaft betrachten, kommen auf vier Prozent (siehe Abb. 5.3). Auch die Drusen folgen einer alten Geheimlehre, die sich bis auf das 11. Jahrhundert nach Christus zurück-verfolgen lässt. Syriens Drusen leben vor allem im sogenannten Drusen-Gebirge, am Hang des Hermons und auf den Golanhöhen. Trotz ihrer landesweiten Minder-heit stellt diese Gruppe im Südwesten Syriens eine Mehrheit dar (vgl. Commins 2009, S. 281).

Des Weiteren gab es bis zum Ausbruch des Bürgerkrieges schätzungsweise zehn bis vierzehn Prozent Christen in Syrien. Die syrischen Christen unterteilen sich

| RELIGION | ARABER | | NICHT-ARABER | |
|---|---|---|---|---|
| orthodoxe Muslime | Sunniten: | 57,0% | Kurden: | 8,0% |
| | | | Turkmenen: | 3,0% |
| | | | Kaukasier (Tscher- | |
| | | | kessen u.a.): | 2,0% |
| heterodoxe Muslime | Alawiten: | 11,0% | Yeziden: | 0,01% |
| | Drusen: | 3,5% | | |
| | Ismailiten: | 1,5% | | |
| | Imamiten: | 0,2% | | |
| Nicht-Muslime | Christen insgesamt: 14,0% | | | |
| | Griech.-orth.: | 5,0% | Armenier: | 4,0% |
| | Griech.-kath.: | 2,0% | | |
| | Syrer[a)]: | 2,0% | Juden: | 0,05% |
| | Andere: | 1,0% | | |

[a)] Syrisch-orthodoxe (Jakobiten) u. syrisch-katholische Christen.

**Abb. 5.3** Seit jeher war Syrien ein Ort religiöser und ethnischer Vielfalt. Seit Ausbruch des Bürgerkrieges werden die verschiedenen Gruppen jedoch von den Konfliktparteien instrumentalisiert und geschickt gegeneinander ausgespielt (Bildnachweis: Klaff 1993, S. 113).

ebenfalls in diverse Untergruppen, die sich allgemein als griechische, katholische, östliche sowie maronitische Strömungen zusammenfassen lassen (siehe Abb. 5.4). Während die syrisch- und griechisch-katholischen Kirchen mit Rom uniert sind, haben sich andere Kirchen wiederum vom Papst losgesagt und unterstehen einem Patriarchen. Dies trifft z. B. auf die größte christliche Gemeinde, die syrisch-orthodoxe Kirche von Antiochien zu, deren Anhänger auch als Jakobiten bekannt sind.

Sonstige religiöse Gruppierungen in Syrien liegen bei einem Prozent. Neben den ethnischen Arabern gibt es in Syrien vor allem Kurden, Armenier und Turkmenen. Die meisten Juden haben Syrien verlassen und sind nach Israel ausgewandert.

All diese Zahlen mögen zwischen verschiedenen Publikationen variieren. Letztlich muss festgehalten werden, dass es zu diesem Thema nie exakte Angaben gab, da die offiziellen Statistiken in Syrien nicht nach der Religionszugehörigkeit unterscheiden (vgl. Lobmeyer 1999, S. 7). Autoren, die mit diesen Zahlen arbeiten, weisen meist explizit auf diese Problematik hin. Eine ungefähre prozentuale Verteilung soll hier vielmehr die religiöse sowie ethnische Zusammensetzung oder, besser gesagt, *Zersplitterung* der syrischen Gesellschaft verdeutlichen.

Im syrischen Nordosten lebt eine verschwindend geringe Zahl an Yeziden, einem kurdischen Stamm, der die Zugehörigkeit zur eigenen Religionsgemeinschaft über die Mutter *und* den Vater weitervererbt. Die Yeziden verehren den

| Konfession | Anzahl 2000 | Anzahl 1956 |
|---|---|---|
| Griechisch-Orthodox | 181 750 | 545 250 |
| Armenisch-Orthodox | 114 041 | 342 123 |
| Römisch-Katholisch | 60 124 | 180 372 |
| Syrisch-Orthodox | 55 343 | 166 029 |
| Syrisch-Katholisch | 20 716 | 62 148 |
| Armenisch-Katholisch | 20 637 | 61 911 |
| Maronitisch | 19 291 | 57 873 |
| Protestantisch | 12 535 | 37 605 |
| Assyrisch | 11 760 | 35 280 |
| Lateinisch | 7 079 | 21 237 |
| Chaldäisch-Katholisch | 5 723 | 17 169 |
| **Gesamt** | **508 999** | **1526 997** |

**Abb. 5.4**  Die Anzahl der in Syrien lebenden Christen war schon vor dem Bürgerkrieg rück-
läufig. Zahlen zum Thema, gerade präzise Angaben wie in dieser Statistik, sind mit Vorsicht
zu genießen, da sie nicht selten politisch motiviert sind. Diese Grafik soll hier lediglich die
– ungefähre – Verteilung der vielfältigen christlichen Kirchen und Konfessionen in Syrien
aufschlüsseln (Bildnachweis: Shammas 2013, S. 182).

Schöpfergott und seinen Stellvertreter auf Erden, den sie „Engel-Pfau" nennen
und der gemeinsam mit dem Scheich Adi ibn Musafir Bestandteil der sogenannten
„sieben Mysterien" ist. Das Yezidentum ist eine sehr alte, monotheistische Religion ohne heilige Schrift und ist wahrscheinlich aus dem römischen Mithras-Kult
hervorgegangen. Schon immer sahen sich Yeziden Anfeindungen durch Islamisten
ausgesetzt, die ihnen Teufelsanbetung vorwarfen. Das Siedlungsgebiet der Yeziden
konzentriert sich vor allem auf den Nordwesten des Iraks und die südöstlichen
Gebiete der Türkei – abgetrennt von den syrischen Yeziden durch die Grenzen von
Sykes-Picot (siehe Kap. 4).

Anfang August 2014 erlangte diese Religionsgemeinschaft traurige Berühmtheit, als der „Islamische Staat" eine Offensive im nordirakischen Sindschar-Gebirge startete. 430.000 Yeziden wurden durch Massaker aus ihrem historischen Siedlungsgebiet vertrieben. Mitglieder des „Islamischen Staates" töten tausende Männer und Jungen, während Frauen und Mädchen als Sexsklavinnen in das Gebiet des „Islamischen Staates" verschleppt wurden (vgl. Hermann 2015b).

Das Schicksal der Yeziden soll hier exemplarisch für die vielen, zum Teil uralten Religionsgemeinschaften Syriens und des ganzen Zweistromlandes stehen, die im Zuge der blutigen inner-syrischen und -irakischen Konflikte ins Visier von Extremisten gerieten.

# Kein Ende in Sicht: Die Eskalation der syrischen Arabellion

الشعب يريد إسقاط النظام!

*Das Volk will den Sturz des Regimes/der bestehenden Ordnung!*

Was sich seit Dezember 2010 von Tunesien kommend auf Nordafrika und schließlich auf die gesamte arabische Welt ausbreitete, bezeichneten zuerst die FAZ und später weitere deutsche Zeitungen als *Arabellion (z. B.* Gehlen 2013, Onlinequelle). Die sich ausweitenden Proteste wurden von vielen anderen Quellen euphemistisch als *Arabischer Frühling* (z. B. Schareika 2013, Onlinequelle) beschrieben. Dieser Terminus ist höchst umstritten (vgl. Kienzle 2013, S. 11), zumal er die Entwicklung hin zu einem Arabischen Herbst oder gar Winter (vgl. Hermann 2014, S. 8) impliziert, womit vor allem ein (Wieder)Erstarken islamistischer Kräfte gemeint ist (vgl. Schneiders 2013, S. 11). Englische Medien sprechen vom *Arabic Spring* oder eher von *(Arab) Uprising (z. B.* BBC News 2013, Onlinequelle), während im arabischen Sprachraum allgemein von *Ṯaurah* (z. B. Aljazeera Arabic 2014, Onlinequelle), also *Revolution*, die Rede ist. All diese Begriffe versuchen, eine Entwicklung zu beschreiben, welche letztlich eine Zäsur für die gesamte arabische Welt darstellt. Es ist nicht einfach, sich auf einen finalen Terminus festzulegen, zumal die Entwicklungen in der arabischen Welt heterogen sind und noch immer andauern. Von einer Rebellion der Araber, der Arabellion, zu sprechen, scheint an dieser Stelle nicht abwegig zu sein (vgl. Jünemann; Zorob 2013, S. 12 ff.).

Seit 2011 sind in Nordafrika und im Nahen Osten Umbrüche im Gange, auf die der Westen genauso wenig vorbereitet war, wie die Araber selbst. Ohne es zu ahnen, hatte ein einfacher Gemüsehändler namens Muhammad Bouazizi aus dem tunesischen Sidi Bouzid die arabische Welt aus den Fugen geraten lassen. Aus

© Springer Fachmedien Wiesbaden 2016
B. Bawey, *Assads Kampf um die Macht,* essentials,
DOI 10.1007/978-3-658-12057-3_6

Protest gegen sich wiederholende Demütigungen und Schikanen durch Polizei und Behörden griff Bouazizi in seiner Verzweiflung zu einem radikalen Schritt, mit dem er seiner Hilflosigkeit gegenüber staatlicher Willkür Ausdruck verleihen wollte: Er übergoss sich mit Farbverdünner und zündete sich anschließend selbst an. Über diesen letzten, dramatischen „Akt" in Bouazizis Widerstand erfuhr das ganze Land innerhalb kürzester Zeit. Es bildeten sich Protestbewegungen gegen die Behörden und gegen das korrupte Regime von Präsident Zine Ben Ali (vgl. Hamida 2011), der das Land Mitte Januar, nach 23 Jahren der Alleinherrschaft, fluchtartig verließ. Innerhalb weniger Wochen war den Tunesiern gelungen, was als unmöglich, wenn nicht sogar undenkbar galt. Es gab nun eine Nachricht, die sich wie ein Lauffeuer verbreitete: Die arabischen Diktatoren sind nicht unbesiegbar! In der ganzen arabischen Welt demonstrierten die Menschen gegen ihre korrupten und überalterten Regime. Im Frühjahr 2011 wurden weltweit die überwältigenden Bilder vom Tahrir Square in Kairo ausgestrahlt, wo zehntausende Menschen gegen das ägyptische Regime protestierten. Am 11. Februar musste auch hier Staatschef Husni Mubarak dem Druck der Straße weichen und trat nach 30 Jahren der Alleinherrschaft zurück (vgl. Jünemann und Zorob 2013, S. 9 f.). Über soziale Medien wie Facebook oder Twitter verbreitete sich die Arabellion rasend schnell und ergriff sodann Libyen, den Jemen, Bahrain und andere arabische Staaten, darunter auch Syrien.

Im Vorfeld dieser Ereignisse wurde der Ausbruch eines größeren Aufstandes in Syrien von vielen Experten für unwahrscheinlich gehalten oder gar ausgeschlossen. Die Annahme war, dass gerade die vielen religiösen Minderheiten (siehe Kap. 5) nicht an konfessionellen Konflikten wie im Libanon oder Irak interessiert sein könnten. Eine starke Zivilgesellschaft gab es in Syrien ebenso wenig wie eine organisierte Opposition und der Sicherheitsapparat (Muḫābarāt) des Regimes war allgegenwärtig (vgl. Bank und Mohns 2013, S. 87). Dennoch sollte es anders kommen.

Inspiriert von der Arabellion begannen einige Syrer damit, zu demonstrieren und auf soziale Probleme sowie die um sich greifende Korruption im Lande aufmerksam zu machen (vgl. Lüders 2015a). Im März 2011 besprühten Jugendliche dann einige Häuserwände in der südsyrischen Stadt Deraa (Dirāʿā) mit dem mittlerweile populär gewordene Ausruf *„Das Volk will den Sturz des Regimes"*. Der Geheimdienst reagierte umgehend mit äußerster Härte und nahm 15 Jugendliche fest, der Jüngste unter ihnen war gerade einmal zehn Jahre alt. Die Eltern der Kinder – sie entstammten angesehenen Familien – beschwerten sich gegen diese Willkür beim zuständigen Gouverneur, worauf die Polizei und Sicherheitskräfte mit Schikanen und Gewalt reagierten. So gab es im März 2011 die ersten Toten in Syrien zu beklagen. Die nach kurzer Zeit wieder aus dem Gefängnis entlassen

Jugendlichen wurden zu Übermittlern einer grausamen Botschaft: Ihre Körper waren von Misshandlungen, Folter und sogar Vergewaltigungen gezeichnet. Einigen waren die Fingernägel herausgerissen worden. Die Demonstrationen weiteten sich daraufhin nur noch weiter aus und eskalierten, als die syrische Armee die Moschee in Deraa stürmte und erneut mit überzogenen Gewaltmaßnahmen reagierte. Abermals gab es Tote. Die Büchse der Pandora war geöffnet und ließ sich seitdem nicht wieder schließen (vgl. Bawey 2013, S. 23 f.).

Ländliche Gebiete wie die Stadt Deraa litten besonders unter der zentralgesteuerten Wirtschaftspolitik, deren Subventionen die Städte förderte und die Peripherien samt ihrer schwindenden Mittelschicht vernachlässigte. Missernten, korrupte Verwaltungen und das Ausbleiben einer politischen Öffnung sorgten für eine explosive Stimmung in der Bevölkerung, die dann, angeheizt durch die beeindruckenden Bilder aus Tunis und Kairo, die Aufstände in Syrien auslöste. Innerhalb von nur wenigen Wochen breiteten sich die Proteste auf das ganze Land aus (vgl. Bank und Mohns 2013, S. 87 ff.).

An dieser Stelle sollen die Ereignisse des syrischen Aufstandes nicht einfach nacherzählt werden, zumal andere Autoren bereits erste, zum Teil sehr detaillierte und umfassende Bestandsaufnahmen geliefert haben (z. B. Gerlach 2015; Armbruster 2013; Helberg 2012). Dieses *essential* skizziert daher lediglich die wichtigsten Konfliktlinien.

In Syrien verliefen die Ereignisse anders als in den bereits genannten arabischen Ländern. Nach Ausbruch der Aufstände kam es schnell zu einer Pattsituation, die es weder der bewaffneten Opposition noch dem Regime erlaubte, die Oberhand in dem Konflikt zu gewinnen. Die USA, Großbritannien und Frankreich erklärten die Herrschaft Asads schnell als illegitim und hofften auf eine starke Opposition, welche international durch die syrische Nationalkoalition vertreten werden könnte, die nach einem Sturz Asads eine Übergangsregierung bilden sollte. Mehrere diplomatische Gespräche in Genf scheiterten und die zum Teil von den USA ausgerüstete Freie Syrische Armee FSA konnte sich in keiner Weise gegen die Truppen Asads durchsetzen. Die syrische Armee (und mit ihr die Luftwaffe) galt seit jeher als eine der stärksten Armeen im gesamten Nahen Osten (vgl. Bank 2014, Onlinequelle) und sie ging seit 2011 brachial gegen Aufständische und Dissidenten vor. Die syrische Opposition war wiederum zerstritten zwischen Gegnern und Befürwortern eines Regimesturzes; jugendlichen und eher traditionellen Standpunkten; der vor Ort präsenten und der im Ausland agierenden Exilopposition und nicht zuletzt zwischen säkularen und religiösen Gruppen. Die Uneinigkeit von Asads Gegnern nutzte dem Regime, welches die Zivilbevölkerung kollektiv mit Gewaltexzessen strafte.

Was den Syrienkonflikt weiter verschärfte, war der Fakt, dass sich die Führungen der Armee, der verschiedenen Eliteeinheiten und der Geheimdienste meist mehrheitlich aus Alawiten zusammensetzten (vgl. Bank und Mohns. S. 91 ff.). In dem Moment, wo die Zugehörigkeit zu einer bestimmten Volksgruppe oder Religion betont oder auch nur beiläufig erwähnt wird, kann die provokative Frage aufgeworfen werden, wer *wir* und wer die *anderen* sind. Das heißt, ein Teil der Bevölkerung fühlt sich womöglich ausgegrenzt, während ein anderer Teil eine vorteilhafte Behandlung erwartet. Im syrischen Bürgerkrieg wurden konfessionelle Gräben aufgerissen, während sich das Regime gleichzeitig als Schutzmacht der Minderheiten inszenierte (vgl. Gerlach 2015). Somit setzte eine Radikalisierung ein und in den verschiedenen Rebellengruppen gewannen konservative und extreme Sunniten an Einfluss (vgl. Naeem 2013, S. 27), welche dem alawitischen Regime vor allem aus religiösen Gründen feindlich gegenüberstanden. Diese Konfliktkonstellation kommt beinahe einer sich selbst erfüllende Prophezeiung gleich.

Das Asad-Regime (siehe Abb. 6.1) hatte über Jahrzehnte hinweg dem Islamismus im eigenen Land den Kampf angesagt.[1] Seit dem Putsch von Hafiz al-Asad (siehe Kap. 5) wurde Syrien mit eiserner Hand geführt. Der Asad-Clan konnte bei der Verfolgung von Islamisten auf die Unterstützung von mindestens 15 verschiedenen Geheimdiensten bauen (vgl. Dietl 2011, S. 139 ff.). Regimekritiker und religiöse Extremisten wurden gnadenlos verfolgt und verschwanden in den zahlreichen Foltergefängnissen.

1982 ließ Hafiz al-Asad einen islamistisch motivierten Aufstand der syrischen Muslimbrüder in der Stadt Hama blutig niederschlagen. Gegen den Islamismus im eigenen Land, der sich gegen die säkulare Politik der Baath-Partei unter den Alawiten richtete, sollte ein deutliches Zeichen gesetzt werden. Das Zentrum von Hama wurde von der Armee bombardiert und vollkommen eingeäschert. Die Soldaten machten keine Unterschiede zwischen Kombattanten und Nichtkombattanten, also Kämpfern und Zivilisten. Es ist unklar, ob bei dem Einsatz 20.000 (vgl. Lerch 2011, S. 1) oder bis zu 40.000 Menschen getötet wurden (vgl. Gerlach 2015). Der Islamismus in Syrien sollte sich nach diesem Massaker vorerst nicht wieder erholen. Hama ist seitdem ein emotionales Symbol der syrischen Geschichte und wurde zu einer offenen, blutenden Wunde, die seit den 1980er Jahren mahnend daran erinnert, wie das Asad-Regime mit seinen Gegnern verfährt.

Erst mit dem Ausbruch der Unruhen im Jahr 2011, die sich dann mehr und mehr zu einem Bürgerkrieg entwickelten, gelang es radikalen Islamisten, wieder Fuß zu

---

[1] Wird in diesem *essential* von Islamismus gesprochen, so ist von einer politisierten Form des islamischen Fundamentalismus die Rede (siehe dazu ausführlicher Riedel 2003, S. 16; Gemein und Redmer 2005, S. 11 f.).

**Abb. 6.1** Hafiz und Baschar al-Asad, Vater und Sohn, vereint auf einem der zahlreichen Propagandaplakate in Damaskus. Die Bilder des Regimes, so, wie es gerne wahrgenommen werden wollte. Sie waren vor allem vor Ausbruch des Bürgerkrieges allgegenwärtig. Ladenbesitzern, die das Bild des Herrschers nicht an ihrer Wand anbrachten, drohten im schlimmsten Falle Schikanen und Strafen durch die Polizei (Bildnachweis: Eigene Aufnahme).

fassen und den Kampf gegen das verhasste Alawiten-Regime erneut aufzunehmen. Je mehr der Regierung in Damaskus die Kontrolle über das eigene Staatsgebiet entgleitet, desto eher können sich die religiösen Extremisten organisieren.

Über Jahrzehnte hinweg hatte das Herrschaftssystem der Alawiten den scheinbar paradoxen Effekt, dass es religiöse wie ethnische Minderheiten gegen den sunnitischen Extremismus schützte. Die säkular ausgerichtete Politik der Baath-Partei ermöglichte den Minderheiten die ungestörte Ausübung ihres religiösen Lebens, umfassende politische Rechte sowie staatlichen Schutz. Dieses Bündnis der Minoritäten garantierte die Macht des Regimes gegenüber einer sunnitischen Mehrheitsgesellschaft. Realität, Gerüchte und Verschwörungstheorien über die Alawiten und deren Einfluss auf die Politik scheinen in Syrien – vielleicht ganz bewusst – ineinander zu verlaufen (vgl. Abu Zarr 2013, S. 20 ff.). Fakt ist jedoch, dass vor allem die syrischen Christen, Schiiten und Alawiten seit Ausbruch des Bürgerkrieges vermehrt der Drangsalierung und Gewalt islamistischer Aufständischer ausgesetzt sind (siehe Abb. 6.2). In den Augen der Radikalen gelten sie als Nutznießer und Unterstützer eines brutalen Terrorsystems und nun bekommen sie die „Rache" derer zu spüren, die jahrzehntelang unterdrückt, verfolgt und gefoltert worden waren.

Der Hinweis, dass die bloße Zugehörigkeit zu der einen oder anderen Gruppen noch lange nichts über die politische Weltanschauung eines Menschen verrät, scheint daran nichts zu ändern. So gibt es durchaus Alawiten oder Christen, die sich gegen Asad stellen. Auch Sunniten sind nicht automatisch Sympathisanten der Muslimbrüder.

Seit eh und je wurde das politische System Syriens durch die sunnitische Mittelklasse gestützt, die von den ökonomischen Entwicklungen und einer politischen Stabilität im Land profitierte. Dies galt auch, nachdem der Bürgerkrieg bereits in vollem Gange war. Zu den Gruppen, die dem Minderheitenregime der Alawiten schon immer feindlich gegenüberstanden zählen unter anderem religiöse Sunni-

**Abb. 6.2** Nachts leuchteten die Kirchtürme in der Altstadt von Damaskus blau, während die Minarette grün strahlten. Die Gotteshäuser harmonierten nicht nur farblich gut miteinander. Die Christen genossen den Schutz des syrischen Regimes, gerieten jedoch seit Ausbruch des Bürgerkriegs zwischen die Fronten und wurden letztlich zum Ziel der Gegner Baschar al-Asads (Bildnachweis: Eigene Aufnahme).

ten und Bauern, die wirtschaftliche und finanzielle Not leiden (vgl. Maʾoz 1999, S. 90), was wiederum den Ausbruch der Aufstände in Deraa erklärt.

Offenbar erlaubt der Krieg keine Grautöne, sondern nur schwarz-weiße, klar definierte Feindbilder. Die radikal-sunnitische an-Nuṣra Front ist ein Akteur des Bürgerkriegs, der es sich zum erklärten Ziel gemacht hat, die Alawiten wegen ihres Abfalls vom Islam (siehe Kap. 5) mit dem Schwert zu bekämpfen. Diese Bewegung steht der irakischen al-Qaida (al-Qāʿida) nahe (vgl. Durm 2013, Onlinequelle) und ihr vollständiger arabischer Titel lautet *Ğabhat an-Nuṣra li-ʾAhl aš-Šām* was so viel wie *Front, die der Bevölkerung Großsyriens zum Sieg verhilft* bedeutet.

Allein der Name dieser Gruppe verrät viel über deren Zielsetzung, denn es ist ganz klar die Rede von einem Land in den Grenzen von Großsyrien (siehe Abb. 4.6). Dieser territoriale Anspruch bezöge das historische Palästina mit ein, was dann automatisch zum Konflikt mit Israel führen würde. Die Nusra-Front hat ihren Einfluss auf den Golanhöhen ausgebaut, wo das Asad-Regime über mehrere Jahrzehnte hinweg eine Art kalten Krieg mit Israel aufrechterhalten hatte. Militärische Zwischenfälle auf dem Golan blieben seit dem Oktoberkrieg von 1973 aus. Seit 2011 gab es jedoch immer wieder Gefechte und Grenzverletzungen. Israelische Militärschläge richteten sich dann primär gegen die Nusra-Front. Je mehr der Einfluss des Regimes schwindet, desto wahrscheinlicher wird ein erneuter Territorialkonflikt um diesen geostrategisch wichtigen Gebirgszug (vgl. Bawey 2013).

Im Windschatten dieser politischen und konfessionellen Konflikte innerhalb Syriens formierte sich eine weitere Macht, die aus den Trümmern des gescheiterten „demokratischen Experiments" im Irak hervorstieg. Durch den Sturz Saddam Hussains und die quasi über Nacht erfolgte Auflösung der irakischen Armee durch die Amerikaner im Jahr 2003 wurde im Nahen Osten ein Machtvakuum geschaffen, welches zur Keimzelle eines bis heute andauernden Terrors werden sollte. Saddam Hussains Irak war ein ebenfalls auf dem Reißbrett entworfener Staat (siehe Abb. 4.2), in dem über Jahrzehnte hinweg eine schiitische Mehrheit durch eine sunnitische Minderheit regiert und unterdrückt wurde.

Einer der vielen erfundenen Gründe der Bush-Administration für den Irakkrieg 2003 war die angebliche Zusammenarbeit des irakischen Präsidenten Saddam Hussains mit der al-Qaida Usama bin Ladins. Tatsächlich konnte die sunnitisch-extremistische al-Qaida jedoch erst *nach* dem völkerrechtswidrigen Krieg der USA und ihrer Verbündeten Fuß in der Region fassen. Dem nun geschaffenen Chaos folgte ein innerirakischer Bürgerkrieg, dem – je nach Statistik – seit 2003 zwischen 200.000 und bis zu 500.000 Menschen zum Opfer fielen.

Der sich immer mehr radikalisierende Widerstand gegen die amerikanischen Truppen wurde vor allem von ehemaligen sunnitischen Soldaten Saddam Hussains organisiert. Durch die Auflösung der irakischen Armee verloren zehntausende gut ausgebildete Männer, die auch Zugang zu Waffen hatten, ihren Arbeitsplatz. Im

Umfeld der dem politischen Chaos entsprungenen irakischen al-Qaida bildete sich ein sogenannter „Islamischer Staat im Irak", der expandierte und sich dann in den „Islamischen Staat im Irak und in aš-Šām" umbenannte (vgl. Lüders 2015a), was auf Arabisch *ad-Daula al-ʾislāmīya fī-l-ʿIraq wa aš-Šām* bedeutet. Im arabischen Dialekt wird dieser lange Titel mit *Daesh* abgekürzt, was im Nahen Osten auch die landläufige Bezeichnung für den „Islamischen Staat" ist. *Šām* kann sowohl mit *Großsyrien* (siehe Abb. 4.6) als auch mit *Levante* übersetzt werden, weswegen manchmal auch die Rede von ISIL ist (das *L* steht dann für Levante).

Mit dem Ausbruch des syrischen Bürgerkrieges entstand ab 2011 ein zusätzliches Machtvakuum in der Nachbarschaft des Iraks. Der „Islamische Staat im Irak" konnte nun vor allem im Norden und Osten Syriens zu einem regionalen Machtfaktor heranwachsen. Mit einer groß angelegten Offensive riss diese Terrororganisation die syrisch-irakischen Grenzanlagen (siehe Abb. 4.1) nieder und erklärte mit propagandistischem Geschick das Ende der Grenzen von Sykes-Picot (vgl. ebd.) (siehe Abb. 4.2). So konnte diese Gruppe spätestens ab 2014 ihren territorialen Anspruch auf das gesamte Bilād aš-Šām (siehe Abb. 4.5) ausweiteten und nannte sich von nun an nur noch Islamischer Staat *IS*.

Die vielen Namensänderungen unterstreichen den rasanten Aufstieg von einer innerirakischen, hin zu einer gesamt-sunnitischen Bewegung, die für sich selbstbewusst in Anspruch nimmt, die alten Kolonialgrenzen einzureißen und eine neue islamische Welt, einen *Staat* zu schaffen. Ihr Anführer nennt sich symbolträchtig *Abu Bakr al-Baghdadi*, was kein Zufall ist. Es wird zum einen ein klarer Bezug auf den ersten Kalifen der islamischen Gemeinde (ʾUmma), Abu Bakr, genommen (siehe Kap. 5). Zum anderen wird eine Verbindung zu Bagdad suggeriert (vgl. Schäbler 2014, Onlinequelle). Die irakische Hauptstadt war auch das Zentrum des Abbasiden-Reiches, eines islamischen Imperiums, das einst von al-Andalus in Spanien bis nach Indien reichte.

Der schnelle Aufstieg des IS wäre nicht ohne die passive Unterstützung der Türkei möglich gewesen, die es den Terroristen lange erlaubte, die türkische Grenze zu passieren, Nachschub zu organisieren und sogar verwundete Kämpfer behandeln zu lassen (vgl. Lüders 2015b, Onlinequelle). Durch eine Tolerierung des IS versprach sich die Türkei vor allem eine Unterdrückung der kurdischen Frage im syrisch-irakischen Grenzgebiet (siehe Abb. 4.1).

Auch das Asad-Regime schien lange Zeit eine Art stillschweigendes Abkommen mit dem IS zu haben, da sich beide Konfliktparteien auf ihre „Hoheitsgebiete" in einem zerfallenden Syrien konzentrierten. Bis 2015 blieben direkte Konfrontationen weitestgehend aus. Der IS baute seine Macht aus und war vor allem in Auseinandersetzungen mit den Kurden verwickelt (vgl. Bank 2015, Onlinequelle). Asad ging währenddessen mit aller Gewalt gegen die Opposition und Zivilbevölkerung in seinem Einflussbereich vor und präsentierte sich gleichzeitig als letztes

Bollwerk gegen den sunnitischen Extremismus des IS, der eine Stadt nach der anderen zu überrennen schien (vgl. Gerlach 2015).

Die Unterstützung für den IS im syrischen Bürgerkrieg ist vielfältig und sie kommt keineswegs nur von sunnitischen Muslimen innerhalb Syriens und des Iraks. Es gibt eine derart große Faszination für das neue, grenzüberschreitende Kalifat, dass sich bereits 20.000 ausländische Kämpfer der Terrororganisation angeschlossen haben, allein 6000 von ihnen kommen aus der Türkei (vgl. Steinvorth 2015, Onlinequelle), die seit dem Anschlag im türkischen Suruc im Juli 2015 ihre Position änderte und direkt gegen den IS – und die Kurden – vorgeht.

Im Internet wird in unzähligen YouTube-Videos dazu aufgerufen, dass *„jeder Bruder, der Verstand hat, der was gelernt hat"* (Al-Muhajer 2013, Onlinequelle) in den Bürgerkrieg nach Syrien ziehen solle (vgl. ebd.). Vor allem Jugendliche werden durch diese Entwicklungen radikalisiert und mobilisiert. Sozial geteilte Realitäten entwickeln Eigendynamiken, die das Verhalten einer Gruppe maßgeblich beeinflussen, selbst wenn diese Vorstellungen „nur" eingebildet sind. Beispielsweise verlassen so jährlich mehrere hundert Personen Deutschland Richtung Syrien, wo sie in terroristischen Lagern eine Ausbildung erhalten. Diese jungen Islamisten werden radikalisiert nach Deutschland und andere eurpäische Länder zurückkehren, sofern sie nicht in Syrien oder im Irak sterben (vgl. Steinberg 2015). Einige haben ihre „Heimkehr" bereits angetreten, was ein mehr als ernstzunehmendes Sicherheitsrisiko darstellt (vgl. Bundesministerium des Inneren 2014, 197 f.).

Um die teils verworrenen Konstellationen innerhalb des syrischen Bürgerkrieges aufzuschlüsseln, lohnt es sich, das bereits in Kap. 4 angewendete 3-Ebenen-Modell (siehe Abb. 4.4) heranzuziehen, welches die komplexe Gemengelage in eine lokale, regionale und globale Ebene einteilt: Im Syrienkonflikt begegnen sich auf der lokalen Ebene Zivilisten, die reguläre Armee und die Aufständischen. Die Zivilisten unterteilen sich in Menschen, die weiterhin in Syrien leben (und das Regime entweder hinnehmen oder ablehnen) und Flüchtlinge, die innerhalb Syriens Schutz suchen oder auf dem Weg sind, das Land zu verlassen. Die Armeeeinheiten, die weiterhin zum Regime halten, gehen mit brachialer Gewalt gegen die Zivilbevölkerung vor. Es gibt Warlords, die von der Kriegsökonomie profitieren und Zivilisten für den Kampf rekrutieren. Desertierte Soldaten haben sich z. T. zur Freien Syrischen Armee FSA zusammengeschlossen, die sich jedoch nicht durchsetzen konnte. Die Exilopposition scheint keinen großen Rückhalt im Land zu haben. Stattdessen haben religiöse Extremisten an Einfluss gewonnen und dominieren große Teile des Widerstandes gegen Asad. Hier zeichnet sich vor allem ein Konflikt aus al-Qaida und der Nusra-Front versus IS ab. Der IS ist zum regionalen Machtfaktor herangewachsen und begegnet – auf der regionalen Ebene – somit dem syrischen Regime, welches in einem zerfallenden Staat immer mehr an Einfluss verliert.

Der deutsche Staatsrechtler Georg Jellinek entwickelte in seiner Drei-Elemente-Lehre einen rechtswissenschaftlichen Staatsbegriff, wonach ein Staat ein Staatsgebiet, ein Staatsvolk und eine ausübende Staatsgewalt haben müsse. Gemäß dieser Definition kann nicht von einem Staat als solchem gesprochen werden, wenn mindestens eines der drei Merkmale nicht zutrifft. Im Falle Syriens muss gefragt werden, welches dieser Elemente wirklich noch erfüllt wird? Baschar al-Asad ist die Macht um viele Territorien entglitten. Völkerrechtlich verbindliche Grenzen haben sich aufgelöst und so droht sich der syrische Bürgerkrieg auszuweiten und hat bereits dramatische Auswirkungen auf die nahöstlichen Nachbarstaaten.

Die libanesische Hizbullah (Ḥizbullāh), schiitische Kämpfer des Iraks sowie der Iran unterstützen das alawitische Regime von Asad nach wie vor. Diese schiitische Achse reicht also von Beirut bis nach Teheran und stellt sich dem sunnitischen IS entgegen, der massiv durch religiöse Stiftungen des sunnitisch-wahhabitischen[2] Saudi-Arabiens gefördert wird. Im Libanon gibt es Stellvertreterkämpfe zwischen Asad-Befürwortern und Gegnern. Zudem hat das Land mit knapp 6 Mio. Einwohnern bis zum September 2015 1,1 Mio. Syrer aufgenommen. Damit hat der kleine Libanon, der schon immer von der syrischen Außenpolitik „penetriert" wurde, den größten Anteil an Flüchtlingen im Verhältnis zur eigenen Bevölkerung. Die Türkei hat bis zu diesem Zeitpunkt knapp 2 Mio. Flüchtlinge aufgenommen und in Jordanien sind es über 600.000 (vgl. UNHCR 2015, Onlinequelle). Zehntausende wagen täglich die Flucht nach Europa, was dem Syrienkonflikt eine weitere, internationale Dimension verleiht und die Staatengemeinschaft zum Handeln zwingt. Die gesellschaftlichen, ökonomischen und politischen Konsequenzen dieses Bürgerkrieges, aber auch der Arabellion, strahlen somit weit über die Grenzen der arabischen Welt hinaus (vgl. Jünemann und Zorob 2013, S. 12).

Global ist eine völkerrechtliche Lösung des Konfliktes in der UNO mehrfach am Veto Chinas und Russlands gescheitert. Beide Länder wollten ein „zweites Libyen" verhindern, denn 2011 hatte die NATO Angriffe auf Muammar al-Qaddafis Stellungen geflogen, ohne dass die – von Russland und China mitgetragene – UN-Resolution 1973 dafür ausgelegt gewesen wäre. Russland rüstet einen seiner letzten Verbündeten im Nahen Osten massiv auf und versucht Asad mit aller Macht zu halten, was den Einsatz russischer Bodentruppen nicht ausschließt. Der russische Marinestützpunkt in Tartus wird sogar ausgebaut und in Latakia wird – ebenfalls mit Russlands Hilfe – eine Luftwaffenbasis errichtet (vgl. Bidder 2015, Onlinequelle).

---

[2] Der Wahhabismus ist eine extreme Interpretation der hanbalitischen Rechtsschule im sunnitischen Islam.

Auch andere Akteure bekommen Waffen und finanzielle Unterstützung. Der IS erhält großzügige Geldspenden von Privatleuten aus Katar und Saudi-Arabien. Ideologisch stehen sich Saudi-Arabien und der IS nahe, was den Bündnispartner USA unter Zugzwang setzt, der wiederum seit Sommer 2014 den IS bombardiert und versucht, die „gemäßigte" syrische Opposition aufzurüsten. Es gibt mittlerweile ernstzunehmende Hinweise, dass diese amerikanischen Waffen in die Hände der al-Nusra-Front geraten sind (vgl. Aljazeera 2015, Onlinequelle). Die Türkei ist primär besorgt, dass die Kurden im syrisch-irakischen Machtvakuum mehr Autonomie oder gar ein eigenständiges Kurdistan einfordern könnten. Die türkischen Angriffe auf die PKK destabilisieren die Region noch weiter und spielen so letztlich dem IS in die Hände (vgl. Lüders 2015b). Deutschland liefert Waffen an die kurdischen Peschmerga für den Widerstand gegen den IS. Diese Waffen könnten auf Umwegen wiederum in die Hände der PKK gelangen und im Kampf gegen den NATO-Partner Türkei zur Anwendung kommen (vgl. Bawey 2014).

Kurzum: Auf der globalen Eben wird deutlich, dass Syrien Schauplatz eines Stellvertreterkrieges zwischen Regional- und Großmächten geworden ist. Hierbei geht es auch um den konfessionellen Dualismus zwischen den Erzfeinden Iran und Saudi-Arabien, die beide versuchen, die Vormacht in einem sich radikal wandelnden Nahen Osten zu erlangen, ein Prozess, der gerade erst begonnen zu haben scheint (vgl. Lüders 2015a).

# Bella matribus detesta – Ein Schlusswort?

**7**

ضرب الخناجر ولا حكم النذل فيا

*Es ist besser, erdolcht zu werden, als von einem Verräter*
*regiert zu werden.*
(Auszug aus einem palästinensischen Lied)

Nach Schätzungen des UN-Hilfswerkes UNHCR vom Herbst 2015 haben wegen des immer weiter eskalierenden Bürgerkrieges in Syrien schon 4 Mio. Menschen ihr Land verlassen. Sie mussten vor der Gewalt fliehen oder wurden rücksichtslos vertrieben. Innerhalb Syriens sind Schätzungen zufolge *zusätzlich* 6 bis 7 Mio. Menschen auf der Flucht, was konkret bedeutet, dass jeder zweite Syrer gezwungen war, sein Haus zu verlassen und nun heimatlos geworden ist (vgl. UNHCR 2015, Onlinequelle). Hundertausende versuchen dem Morden zu entfliehen und suchen sich ihren Weg nach Europa. Die EU und ganz besonders Deutschland werden nun mit den ersten Auswirkungen eines Konfliktes konfrontiert, dem die Weltöffentlichkeit fünf Jahre lang tatenlos und ohnmächtig zugesehen hat. Überzeugende Konzepte für die Lösung des immer mehr eskalierenden Syrienkonfliktes fehlen.

Nach derzeitigem Stand wurden seit 2011 mindestens eine viertel Mio. Syrer getötet. Es ist davon auszugehen, dass diese Zahlen schon bald wieder nach oben korrigiert werden müssen. Die Schuld für all diese Toten allein Baschar al-Asad anzuhängen, wäre zu einfach, denn auch die Aufständischen greifen zu extremen Mitteln und strafen potentielle Nutznießer des Regimes kollektiv ab. Es ist richtig, ein Regime zu ächten, welches Fassbomben und Scharfschützen gegen seine eigene Bevölkerung einsetzt. Gleichzeitig sollte die politisch immer noch unkorrekte Frage erlaubt sein, wem geholfen ist, wenn das Asad-Regime gänzlich in sich zusammenbricht und der IS weitere Gebiete einer Weltregion erobert, die instabiler denn je ist. Asad inszeniert sich geschickt als letztes Bollwerk gegen den Islamis-

© Springer Fachmedien Wiesbaden 2016
B. Bawey, *Assads Kampf um die Macht*, essentials,
DOI 10.1007/978-3-658-12057-3_7

mus. Gleichzeitig ließ er den IS, dem er sogar Öl und Elektrizität abkauft, gewähren und zur regionalen Macht aufsteigen.

Der Westen – allen voran die USA, Großbritannien und Frankreich – hat eine mögliche Kooperation mit dem syrischen Diktator versäumt (es wäre ohnehin nicht das erste Bündnis dieser Art in der Region gewesen). Gleichzeitig folgten dieser kategorisch ablehnenden Haltung keine realpolitischen Taten. Die 2013 von US-Präsident Obama gezogene „rote Linie" wurde bereits überschritten, was bedeutet, dass im syrischen Bürgerkrieg mehrfach Giftgas eingesetzt worden ist, ohne dass dies internationale Konsequenzen gehabt hätte.

An Waffen, Munition und Geld mangelt es nicht, allerdings werden diese Ressourcen nicht in eine Konfliktlösung investiert, sondern lassen die Kriegsökonomie vor Ort immer wieder aufs Neue aufblühen. Syrien wurde zum Spielball der Mächte. Die USA, Russland, Saudi-Arabien, Katar und der Iran verfolgen ganz unterschiedliche, gegensätzliche Interessen und unterstützen in Syrien ihre jeweilig bevorzugten Parteien, die dann aufeinander losgehen. In Syrien tobt ein Stellvertreterkrieg, der – vergleichbar mit dem Bürgerkrieg im Libanon – 10 bis 15 Jahre dauern könnte und allmählich von allein ausblutet.

Die große Gefahr ist, dass im Nahen Osten eine Generation verrohter und entwurzelter Jugendlicher heranwächst, die alles verloren hat, keine Schul- oder Ausbildung erhält und deren einzige Anlaufstelle die Extremisten des IS oder der Nusra-Front sind. Sollte diese Generation – beeinflusst durch islamistische Propaganda – den Westen als Schuldigen für ihre Misere identifizieren, so würden – zusätzlich zu den eurpäischen und deutschen „Heimkehrern" aus dem Bürgerkriegsland – völlig neue Herausforderungen und Gefahren auf Europa zukommen, welche gegenwärtig noch gar nicht abzuschätzen sind.

Syriens Zukunft scheint noch düsterer zu sein als ursprünglich angenommen. Falls die Millionen Flüchtlinge eines Tages in ihre Heimat zurückkehren können, werden sie ein anderes Land vorfinden. Syrien, ein Land mit einer jahrtausendealten Kultur- und Religionsgeschichte (siehe Abb. 6.2), steht in Flammen und einige der ältesten Städte der Menschheit bluten aus (siehe Abb. 5.2).

Totgeglaubte leben länger und so geht Asads Kampf um die Macht auch im Jahr fünf des syrischen Bürgerkriegs weiter (siehe Abb. 6.1). Der Westen muss sich entscheiden, ob er dem Blutvergießen weiter tatenlos zusieht, ob der Sturz Asads alternativlos bleibt (ein Syrien ohne Asad würde nicht automatisch demokratisch) oder ob eine Unterstützung des Regimes vielleicht nicht doch das kleinere Übel wäre. Angesichts der nicht abbrechen wollenden Flüchtlingsströme ist es unwahrscheinlich, dass die westlichen Staaten ihre starre Haltung gegenüber Asad aufrechterhalten können. Selbst die deutsche Bundeskanzlerin Angela Merkel sprach sich im September 2015 erstmals für Gespräche mit dem syrischen Diktator aus (vgl. Harrer 2015, Onlinequelle). Diplomatische sowie militärische Offensiven können jedoch nur dann erfolgreich sein, wenn die Interessen Russlands und des Irans mit berücksichtigt werden. Somit steht *Asads Kampf um die Macht* auch synonym für eine neue, multipolaren Welt(un)ordnung.

Wenn wir davon ausgehen, dass die aktuellen Entwicklungen erst der Anfang einer umfassenderen arabischen Umwälzung sind (vgl. Hermann 2015a), dann wird uns der Syrienkonflikt mit all seinen brutalen Konsequenzen noch viele Jahre lang beschäftigen. Um es mit den Worten des Diplomaten Wolfgang Ischinger zu sagen, so scheint der gesamte Nahe Osten *„kurz vor der Groß-Explosion [zu stehen]. Niemand wird außerhalb der Region mehr leiden als Europa, denn die Folgen dessen, was im Orient passiert, landen direkt vor unserer Haustür"* (vgl. Ischinger 2015, Onlinequelle).

Ben Bawey, Dubai zu Beginn des islamischen Opferfestes,

im September 2015

# Literatur


Aljazeera Arabic (2014) طريق الثورة تحشد لاستعادة ثورة مصر. http://www.aljazeera.net/news/pages/2776200b-305c-4e54-b157-df86b6d69a06. Zugegriffen: 20. Sept 2015

Aljazeera English (2015) US-trained Syria fighters gave equipment to Nusra Front. http://www.aljazeera.com/news/2015/09/trained-syria-fighters-gave-equipment-nusra-front-150926011820488.html. Zugegriffen: 26. Sept 2015

Al-Muhajer I (2013) Liebesgrüsse aus Syrien. http://www.youtube.com/watch?v=T1bzmwCSAP0. Zugegriffen: 20. Sept 2015

Armbruster J (2013) Brennpunkt Nahost. Die Zerstörung Syriens und das Versagen des Westens. Westend, Frankfurt a. M.

Bank A (2014) Assad erlebt ein Comeback. http://www.theeuropean.de/andre-bank/9118-bestandsaufnahme-zum-syrienkrieg. Zugegriffen: 20. Sept 2015

Bank A, Mohns E (2013) Die syrische Revolte. In: Jünemann A, Zorob A (Hrsg) Arabellions. Zur Vielfalt von Protest und Revolte im Nahen Osten und Nordafrika. Springer VS, Wiesbaden

Bawey B (2013) Syriens Kampf um die Golanhöhen. Mit einer ersten Betrachtung zum Bürgerkrieg. Lit Verlag, Münster

Bawey, B (2014) Alles zerfällt. http://www.theeuropean.de/ben-bawey/8888-bundesregierung-liefert-waffen-an-kurdistan. Zugegriffen: 20. Sept 2015

BBC News (2013) Arab uprising. http://www.bbc.com/news/world-12482315. Zugegriffen: 20. Sept 2015

Bidder B (2015) Stützpunkt in Syrien: Moskauer Zeitung meldet 1700 russische Soldaten in Tartus. http://www.spiegel.de/politik/ausland/syrien-russland-erhoeht-offenbar-militaer-praesenz-in-tartus-a-1053961.html. Zugegriffen: 23. Sept 2015

Bobzin H (2010) Der Koran, 7. Aufl. C.H. Beck, München

Bobzin H (2011) Mohammed, 4. durchgesehene Aufl. C.H. Beck, München.

Bosworth C E (1997) Art. al-Shām. In: Bosworth CE et al (Hrsg) The encyclopaedia of Islam. New Edition, Bd. 9. Brill, Leiden, S 261–262, 261

Bundesministerium des Inneren (Hrsg) (2014) Verfassungsschutzbericht 2013, Berlin

Chomsky N (2002) Offene Wunde Nahost. Europa Verlag, Hamburg

Commins D (2009) Art. Syria. In: Esposito JL (Hrsg) The Oxford encyclopaedia of the Islamic World, Bd. 5. Oxford University Press, Oxford, S 281–286, 281

Dietl W (2011) Schattenarmeen. Die Geheimdienste der islamischen Welt. Residenz, Freiburg im Breisgau



© Springer Fachmedien Wiesbaden 2016

B. Bawey, *Assads Kampf um die Macht,* essentials,

DOI 10.1007/978-3-658-12057-3

Durm M (2013) Ein ganz normaler Tag in Aleppo. Unterwegs in der syrischen Frontstadt. In: http://www.dradio.de/dkultur/sendungen/weltzeit/2106395/ Zugegriffen: 23. Sept 2015

Eich T (2008) Art. Syrien. In: Elger R (Hrsg) Kleines Islamlexikon, 5., akt. u. erw., Aufl. C.H. Beck, München, S 308 f.

Friedman, Y (2010) The Nuṣayrī-ʿAlawīs. An introduction to the religion, history and identity of the leading minority in Syria. Brill, Leiden

Gehlen M (2013) Ist die Arabellion tot? Nahost-Korrespondenten berichten über Erlebnisse seit 2008. http://www.tagesspiegel.de/politik/nahost-korrespondenten-berichten-uebererlebnisse-seit-2008-ist-die-arabellion-tot/9052862.html. Zugegriffen: 20. Sept 2015

Gemein G, Redmer H (2005) Islamischer Fundamentalismus. Aschendorf Paperbacks, Münster

Gerlach D, Herrschaft über Syrien (2015) Macht und Manipulation unter Assad. Edition Körber-Stiftung, Hamburg

Haarmann U (Hrsg) (1987) Geschichte der arabischen Welt. Beck, München

Halm H (1982) Die islamische Gnosis. Die extreme Schia und die ʿAlawiten. Artemis-Verlag, München

Halm H (1988) Die Schia. Wissenschaftliche Buchgesellschaft, Darmstadt

Halm H (1997) Art. Nuṣayryya. In: Donzel EJ van (Hrsg) The encyclopaedia of Islam. New Edition, Bd. 8. Brill, Leiden, S 145–148, 145 f.

Halm H (2001) Der Islam. Geschichte und Gegenwart, 3. Aufl. C.H. Beck, München

Hamida AB (2011) Chronik einer Revolution. Wie ein Gemüsehändler einen Präsidenten stürzte. Books on Demand, Norderstedt

Harrer Gudrun (2015) Reden oder nicht reden mit Assad. http://derstandard. at/2000022819420/Reden-oder-nicht-reden-mit-Assad. Zugegriffen: 26. Sept 2015

Haumann H, Haber P et al (1997) Der erste Zionistenkongress von 1987. Ursachen, Bedeutung, Aktualität. Karger, Basel

Heine P (2007) Der Islam. Erschlossen und kommentiert von Peter Heine. Patmos, Düsseldorf

Helberg K (2012) Brennpunkt Syrien. Einblick in ein verschlossenes Land. Verlag Herder, Freiburg im Greisgau

Hermann R (2010) Krisenregion Nahost. Vontobel, Zürich

Hermann R (2014) Arabischer Winter. FAZ 124:8. (30.05.14)

Hermann R (2015a) Endstation Islamischer Staat? Staatsversagen und Religionskrieg in der arabischen Welt. Deutscher Taschenbuch Verlag, München

Hermann R (2015b) Verfolgt und traumatisiert. FAZ 182:10. (08.08.15)

Herzl TB (1988) Der Judenstaat. Versuch einer modernen Lösung der Judenfrage. Manesse-Verlag, Zürich

Hubel H (2005) Wie viel Religion ist in den Konflikten des Vorderen Orients. In: Hildebrandt M, Brocker M (Hrsg) Unfriedliche Religion? Das politische Gewalt- und Konfliktpotential von Religionen. Springer VS, Wiesbaden

Hughes TP (1995) Lexikon des Islam. Fourier, Wiesbaden, S 341

Inalic H (1997) Art Iskandarūn. In: Bosworth CE et al (Hrsg) The encyclopaedia of Islam. New Edition, Bd. 4. Brill, Leiden, S 138

Ischinger W (2015) Bundeswehr in Syrien einsetzen. http://www.merkur.de/politik/merkur-interview-wolfgang-ischinger-der-nahe-osten-steht-gross-explosion-5527263.html. Zugegriffen: 12. Sept 2015

Johannsen M (2009) Der Nahostkonflikt, 2., akt. Aufl. Springer VS, Wiesbaden

Jomier J (1990) Art. Islam. In: Levis B et al (Hrsg) The encyclopaedia of Islam. New Edition Bd. 4. Brill, Leiden, S 171

Jünemann A, Zorob A (Hrsg) (2013) Arabellions. Zur Vielfalt von Protest und Revolte im Nahen Osten und Nordafrika. Springer VS, Wiesbaden

Kellner-Heinkele B (1987) Der arabische Osten unter osmanischer Herrschaft 1517–1800. In Haarmann U (Hrsg) Geschichte der arabischen Welt. Beck, München

Kienzle U (2013) Revolution am Scheideweg. In: Deutsch-Arabische Gesellschaft e. V. (Hrsg) Eurabia. Das Magazin der Deutsch-Arabischen Gesellschaft e.V, Nr. 1, S 11

Klaff R (1993) Konfliktstrukturen und Außenpolitik im Nahen Osten. Das Beispiel Syrien. In: Kaltefleiter W (Hrsg) Libertas Optima Rerum. Institut für Sicherheitspolitik an der Christian-Albrecht-Universität zu Kiel, Bd. 11. Duncker & Humblot, Berlin

Lerch WG (2011) Blutig in Hama. FAZ 176:1. (01.08.11)

Lobmeyer HG (1990) Islamismus und sozialer Konflikt in Syrien. In: Ethnizität und Gesellschaft. Occasional Papers, Nr. 26, S 12

Louvish M, Skolnik F (2007) Art. Aliyah. In: Skolnik F (Hrsg) Encyclopaedia Judaica. 2nd edn. Bd. 1. Wadsworth Publishing, Detroit, S 660–661, 660

Lüders M (2015a) Wer den Wind sät. Was Westliche Politik im Orient anrichtet. C.H. Beck, München

Lüders M (2015b) Türkei will zwei Fliegen mit einer Klappe schlagen. http://www.mdr.de/nachrichten/interview-lueders-tuerkei100.html. Zugegriffen: 20. Sept 2015

Madelung W (1986) Art. Imāma. In: Levis B et al (Hrsg) The encyclopaedia of Islam. New Edition, Bd. 3. Brill, Leiden, S 1163–1169

Mahler GS, Mahler ARW (2010) The Arab-Israeli conflict. An introduction and documentary reader. Routledge, London

Ma'oz M (1999) Syria: creating a national community. In: Binder L (Hrsg) Ethnic conflict and international politics in the Middle East. University Press of Florida, Gainesville

Müller H (2009) Religionen im Nahen Osten. Irak, Jordanien, Syrien, Libanon, Bd. 1. Harrassowitz, Wiesbaden

Naeem N (2013) Zum Abschuss freigegeben. Was die ehrwürdige Al-Azhar wirklich über die Alawiten sagt. Zenith Z Orient 4:27

Neudeck R (2015) Das syrische Volk ist wahrscheinlich das verlassenste Volk der Erde. http://www.deutschlandfunk.de/das-syrische-volk-ist-wahrscheinlich-das-verlassenste-volk.694.de.html?dram:article_id=236854. Zugegriffen: 16. Sept 2015

Pertes V (1997) Art. independent Syria. In: Bosworth CE et al (Hrsg) The encyclopaedia of Islam. New Edition, Bd. 9. Brill, Leiden, S 275–277, 275 f.

Picken G (2008) Art. Nusayris/ 'Alawis. In: Netton IR (Hrsg) Encyclopaedia of Islamic civilisation and religion. Routledge, London, S 492

Riedel S (2003) Der Islam als Faktor in der internationalen Politik. APuZ 37:15–24, 16.

Rogan E (2012) Die Araber. Eine Geschichte von Unterdrückung und Aufbruch. Ullstein, Berlin.

Schäbler B (2014) Gespräch mit Erfurter Expertin über Irak-Politik und Bürgerkrieg in Syrien. http://www.thueringer-allgemeine.de/web/zgt/politik/detail/-/specific/Gespraech-mit-Erfurter-Expertin-ueber-Irak-Politik-und-Buergerkrieg-in-Syrien-1197093757. Zugegriffen: 16. Sept 2015

Schareika N (2013) Was der Arabische Frühling den Frauen brachte. Ausgegrenzt, missbraucht, kampfbereit. <http://www.n-tv.de/politik/Drei-Jahre-Arabischer-Fruehling-Schwierige-Situation-fuer-die-arabischen-Frauen-article11934516.html>. Zugegriffen: 21. Sept 2015

Schmid C (1993) Der Israel-Palästina-Konflikt und die Bedeutung des Vorderen Orients als sicherheitspolitische Region nach dem Ende des Ost-West-Konflikt. Nomos-Verlag, Baden Baden

Schneiders TG (Hrsg) (2013) Der Arabische Frühling. Hintergründe und Analysen. Springer VS, Wiesbaden

Shammas M (2013) Die Christen Syriens und ihre Angst vor Veränderung. In: Schneiders TG (Hrsg) Der Arabische Frühling. Hintergründe und Analysen. Springer VS, Wiesbaden

Steinbach U, Ende W (2005) Der Islam in der Gegenwart, 5. akt. u. erw. Aufl. Beck, München

Steinberg G (2015) Kalifat des Schreckens. IS und die Bedrohung durch den islamistischen Terror. Knaur TB, München

Steinvorth D (2015) Der IS bietet seinen Anhängern eine Vision. http://www.nzz.ch/video/der-is-bietet-seinen-anhaengern-eine-vision-0_sxy0ucpr. Zugegriffen: 12. Sept 2015

Stevenson D (2006) 1914–1918. Der Erste Weltkrieg. Artemis & Winkler, Düsseldorf

Stryjak J (2015) Der Konflikt im Jemen. Ein Machtkampf droht zum Religionskrieg zu werden. http://www.deutschlandfunk.de/der-konflikt-im-jemen-ein-machtkampf-droht-zum.799.de.html?dram:article_id=316784. Zugegriffen: 21. Sept 2015

Tibi B (1994) Im Schatten Allahs. Der Islam und die Menschenrecht. Piper, München

UNHCR (2015) Syria regional refugee response. http://data.unhcr.org/syrianrefugees/regional.php. Zugegriffen: 12 Sept 2015

Wensinck AJ, Kramers JH (Hrsg) (1976) Handwörterbuch des Islam. Brill, Leiden, S 594–597, 594 f.

Zahn U (Hrsg) (1996) Diercke Weltatlas, 4., akt. Aufl. Westermann, Braunschweig, S 156

Zarr HA (2013) Die Geiseln des Löwen. Warum das Haus Assad den Hass auf die Alawiten schürte und warum es nichts mehr fürchten muss als deren Erwachen. Zenith Z Orient 4:18–26